清華大學出版社
北京

图书在版编目（CIP）数据

出圈 : 品牌共通的战略级进化路径 / 乐剑峰著 . —北京 : 清华大学出版社 , 2023.7
ISBN 978-7-302-63459-1

Ⅰ . ①出… Ⅱ . ①乐… Ⅲ . ①企业管理－品牌战略－研究 Ⅳ . ① F272.3

中国国家版本馆 CIP 数据核字 (2023) 第 082872 号

责任编辑：宋冬雪
封面设计：艺海鑫
责任校对：王荣静
责任印制：朱雨萌

出版发行：清华大学出版社
网　　址：http：//www.tup.com.cn，http：//www.wqbook.com
地　　址：北京清华大学学研大厦 A 座　　邮　　编：100084
社 总 机：010-83470000　　邮　　购：010-62786544
投稿与读者服务：010-62776969，c-service@tup.tsinghua.edu.cn
质 量 反 馈：010-62772015，zhiliang@tup.tsinghua.edu.cn
印 装 者：三河市东方印刷有限公司
经　　销：全国新华书店
开　　本：148mm×210mm　　印　　张：8.125　　字　　数：174 千字
版　　次：2023 年 7 月第 1 版　　印　　次：2023 年 7 月第 1 次印刷
定　　价：88.00 元

产品编号：100368-01

品牌共通论，让“品销”合二为一

长期以来，我在与各行各业的企业交流并为其进行品牌策划的过程中，看到很多企业或品牌的创始人，由于缺乏对品牌的科学认知与合理的方法，在创业发展的过程中，走了很多弯路。还有不少创立多年的企业品牌，也因为不了解品牌的客观规律，导致品牌价值逐年滑坡，造成品牌资产大量浪费，陷入了发展困境。

未来的商业竞争，必定是品牌之间的较量。而品牌的建设，需要体系化思考与循序渐进的发展。在品牌营销行业实战多年，看过了太多成功与失败的案例，我发现，凡是在早期就对品牌建立了正确认知且尊重客观规律的企业，假以时日，就能“左右逢源”，借助品牌的效能，获得高额的投资回报。而那些缺乏品牌认知，一味想通过走捷径、蹭热点、打低价来进行销售的企业，最终却无法在市场建立真正的“护城河”，也无法为长远的发展积淀品牌资产。

我希望能够运用我的经验与在真实商战中所学的知识，帮助更多的企业在创造好产品、好服务之外，还能够拥有自己的好品牌。我也一直试图找到某种通用性的规律与方法，以使品牌的塑造工作变得更有价值。

身为品牌营销从业者，经常被称为创意人、策划人，有时甚至被称为艺术家。但事实上，品牌规划工作更像一套周密的算法，在创意的外表下，有着非常多的逻辑推导与计算的部分。与企业家相比，作为品牌参谋的我，并不能算是创造者，更像是一名探索者与翻译者。我的价值，就是从各种纷乱庞杂的信息中，挖掘出能够驱动消费者做出购买决策的信息，提升品牌的销量与口碑。

我花了将近两年时间，将我们公司这些年来帮助很多企业获得市场成功的方法进行了梳理，并将其定名为“品牌共通论”，在这本书里正式公开发表。目的就是帮助中国的广大企业与创业者理解品牌正道，构建行之有效的品牌。在碎片化时代，营销人更需要提升自身的系统化认知，而不是纠结于单点的问题。因为“低层级”问题永远解决不完。就像智能手机之间的区别，软件系统的价值远比硬件重要。学会了这套系统思维，认知提升，你会发现，之前的有些问题都已经不是问题。

我希望通过这套方法论，给你的企业植入最先进的品牌认知系统。我们平时常见的产品名字、品牌标志和包装这些象征性的识别元素，只是外在的表现，品牌的本质是一个反映企业市场竞争实力、财富创造力的综合系统。它能让企业发展少走很多弯路，品牌做好了，企业的产品销量乃至你的工作业绩也会快速提升。

很多人会将品牌与销售对立起来，认为只要把销售做好，品牌只是锦上添花的装饰品。那是因为他们对品牌的理解太狭隘，当你学习完品牌共通论，就会理解，有竞争的地方就需要品牌。

销售与品牌并不对立，两者缺一不可。销售是将企业的商品铺到货架上，摆到消费者的眼前，而品牌是将商品铺进消费者的心里。如果消费者的心里没有你，就算把商品摆在他的眼前，他也会视而不见，转而选择其他对手的商品。就算你的销售渠道再强大，如果不重视品牌建设，而一旦你的对手做了，你的市场空间就会被蚕食，变得越来越小。

企业要靠品牌出圈，增加销量；也要靠销售变现，来回馈品牌。两者相互助力，才能融会贯通。在品牌从无到有的打造过程中，只要我们遵循科学的方法，学习并熟练应用特定的规律，就能极大地提高品牌打造的成功概率。

这，正是“品牌共通论”的由来。

品牌共通论的核心原理，就是通过为品牌制造出具有“共通力”的信息，使得这些信息能被人的感官系统更快感知，从而获得更综合的认识与进行判断。

品牌共通论的思考方法，是我根据多年品牌营销工作实践总结得出，而“共通感”的概念，在应用于营销行业之前早已存在。它最早源于古希腊思想家亚里士多德所提出的“共通感觉”（Sensus Communis，拉丁文）。

在《论灵魂》一书中，亚里士多德认为，人的感觉主要包括五种单项感觉：视觉、听觉、嗅觉、味觉及触觉，但是，人还可以将这几种单项感觉进行联结，形成一种复合的感觉，即“共通感”。

作为经典哲学思想，“共通感”的内涵在发展中又得到不断完善，从认知领域不断扩展到实践领域。西方最具影响力的思想家之一、德国哲学家康德，认为“共通感”不仅是一种普通的常识，而是一种更高层次的“共同感觉的理念”。“共通感”并非建立在心理学的经验观察之上，而是那种无概念但却具有普遍性的先天主体能力。

当我们欣赏一幅艺术作品，或欣赏某一个自然物体时，内心会激发出对美的赞叹。但是，有过相似经历的人都知道，审美体验虽然美妙，却难以言喻。因为，审美不同于认识，鉴赏判断不同于知识判断，其普遍有效性不能由概念来保证，也无法找到客观的基础，因此，必须把一种人人共有的感受与心理机能作为基础。这个基础，就是“共通感”。

由此可见，共通，是一种从自由心意状态获得的愉悦，包括了审美上的共通，以及逻辑上的共通。它就像一把理解、鉴赏、判断的钥匙，让人们的审美与认知有了相互交流的基础。

品牌的影响力越大，产生的共通感就越强。当你喝可口可乐时，喝的不仅是碳酸饮料，更是一种畅快自由的生活态度；当你使用苹果手机时，除去手机本身的通信功能，它还带有国际品牌、时尚感等隐性功能元素；当你驾驶法拉利跑车时，除了绝佳的动力性能，它还可以提供极致的奢华体验与驾驭的快感。

品牌共通的意义，除了审美与鉴赏，更需要打通受众意识活动中的“知、情、意”，为品牌找到一种“外在感觉的共同根源”。这个共同的根源，就是实现“品牌共通”的核心。通过发掘原力、打造爆品、开发符号、激活共创等动作，品牌的价值才有无限放大的基础。

下面，就让我们一起踏上精彩纷呈的“共通”之旅，了解品牌“出圈”背后的秘密。

目录 /

第一章

出圈：品牌共通的进化路径

建立品牌的科学认知，讲透品牌塑造的战略级思考法则，围绕“原力、爆品、符号、共创”四步逐层推进。

品牌的定义与历史演变

同样一瓶水，有的只卖两三元，而顶级品牌饮用水的售价居然能达到十倍以上。

同样一部车，配上不同的车标，就可以给驾乘者带来迥然不同的体验与身份感。

同样是演员，有没有名气，出场片酬与代言收入存在着天壤之别。

同样是企业，只要品牌影响够大，产品就会更受关注，也更容易吸引优秀人才。

品牌到底是什么？为何有此魔力？为什么如此多的企业、组织与个人，都在关注品牌、谈论品牌？为什么管理大师彼得·德鲁克说“21 世纪的组织，除了依靠品牌竞争，其他一无所有”？

无论在海外还是中国，商界还是学界，品牌的价值正在被越来越多的人认同，获得前所未有的重视，但对品牌的定义，很多人都各执一词。

让我们追根溯源，从更基本的定义层面、在更广阔的历史维度中来认识品牌。

品牌是个舶来词，它的英文“brand”来源于古挪威文字“brandr”，意思是“烧灼、烙印”。

古代人采用烧灼记号的方式来标记家畜等私有财产。到了中世纪，欧洲手工艺者用这种方法在自己的商品（如陶器、银器）上烧灼标记以便识别，于是就有了品牌。如果产品够好，人们就会把自己的喜爱，投射、积累在这个烧灼的标志上，省去“搜寻、了解、信任”的过程，直接购买。另外还有一种说法，认为品牌这个词，来源于19世纪早期在盛装威士忌酒的木桶上印的标志，用来区别酒的生产厂商。

“打上烙印”非常形象地表达了品牌的含义——“如何在消费者心中留下烙印”。而这种烙印或者印记，就是消费者的感受。

字面意义上看，品牌，就是产品的牌子、商标和商号。而它的本质，其实就是消费者的经历和体验的总和。品牌汇聚了人们对产品、对企业的综合评价，当这些评价映射到品牌拥有者的身上，就会给拥有者带来溢价与增值，创造出无形资产。现代营销理论认为，品牌是一个以消费者为中心的概念，没有消费者，就没有品牌。

从品牌的构成来看，它包括有形元素和无形要素。有形元素包括符号、设计、口号等，无形要素包括品质、调性、口碑等。正如营销界对其的经典解读，品牌包罗万象，它是属性、名称、包装、价格、历史、声誉、广告风格等的无形组合。

品牌根据影响力的强弱程度划分，又可分为普通品牌与强势品牌。要想成为一个强势品牌，需要具备以下三大基本条件：（1）有口皆碑：品牌不可能不为人知，它一定是被大众或者目标顾客群所熟知的；（2）与众不同：可理解为革新与极致追求，品牌对无与伦比的卓越性的执着追求，不断追求品质的完善，只向顾客提供最精致的商品或服务；（3）传奇故事：介绍和宣传具有传奇性的话题，能够引起受众的好奇和兴趣，引发对品牌的关注。

在这一章，我将对品牌的起源及其发展演变的过程进行详细解读，同时对营销理论及广告创意的各大流派作一个回溯。

关于品牌定义，较早的权威说法起于20世纪60年代。美国市场营销协会（American Marketing Association，AMA）将品牌的定义表述为："品牌是一种名称、术语、标记、符号或设计，或是它们的组合运用，其目的是借以辨认某个销售者或某群销售者的产品或服务，并使之同竞争对手的产品和服务区别开来。"它的定义，着眼于建立差异化的品牌符号。

自宝洁公司营销经理尼尔·麦克尔罗伊（Neil McElroy，1931）提出品牌经理制以来，随着品牌管理实践的深入开展，品牌理论的研究经过了品牌观念、品牌战略、品牌资产、品牌管理和品牌关系五个阶段。这五个阶段，对应的就是"什么是品牌""如何创建品牌""什么是品牌资产以及如何评估品牌资产""如何开展品牌管理"和"如何构建品牌与用户的关系"这五大研究主题，逐步递进。

"二战"后，品牌营销方法的演变，先后经历了产品时代（产品供不应求，企业竞争地点在工厂），形象时代（产品供过于求，企业竞争地点在市场)，以及定位时代（互联网带来信息爆炸，企业竞争地点转移到消费者的心智)。

进入 20 世纪 60 年代之后，美国市场从卖方市场转向买方市场。在组合营销这个大的营销观下，一些具有不同天赋、技能的营销大师，凭借其理论创新带领行业走向了不同分支。

20 世纪 90 年代之后，营销和广告行业殊途同归，走向了整合营销时代。两大行业对于品牌学科地位的重要性给予了高度肯定。而品牌，也在整合营销的策略下得到蓬勃发展。

1. 产品营销时代，4P、4C、4R 三驾理论马车奠定基础

“二战”之后，美国进入经济蓬勃发展期，企业恢复生产，居民消费被极大刺激，市场出现了供不应求的状态。在这种状态下，产品至上成为一种价值取向。4P 理论把产品（Product)、价格（Price)、渠道（Place)、促销（Promotion）这四个要素，作为市场营销的必备点。

理查德·克莱维持教授首先把“营销组合”的 12 个要素，浓缩归纳为“产品、定价、渠道、促销”。1960 年，美国密歇根大学教授麦卡锡在《营销学》一书中，将其总结为著名的 4P，并增加了策略（Strategy）因素，统称为 4Ps 组合。

美国著名的营销学者、被誉为“现代营销学之父”的菲利普·科特勒（Philip Kotler)，在其畅销书中推广 4Ps 组合，进一步确定了该理论在营销领域的地位。4P 理论，用公式化的方法，便于记忆与应用，在之后 30 年的时间内影响着西方企业营销工作的方式。

营销组合从学术领域走到商业应用，4P 是一个开端。

其后，又出现过 4C 理论与 4R 理论。4C 包括：顾客（Customer）、成本（Cost）、便利（Convenience）、沟通（Communication）。它与 4P 理论最大的不同，是从产品导向转向消费者需求导向。

4R 理论，由美国营销学者唐·舒尔茨提出，4R 包括：关联（Relevance）、反应（Reaction）、关系（Relationship）、回报（Reward）。这个理论诞生于 2001 年互联网席卷全球之时，它提出，企业要想赢得竞争，就要与消费者建立紧密的关联和链接。它不是以产品为中心，也不是以消费者为中心，而是要让两者建立紧密的关联，上升到长期关系的层面。

4P、4C、4R，这三大理论被称为品牌营销基础理论的“三驾马车”。

2. 品牌形象时代，广告界引领创意革命

在 20 世纪 60 年代以前，无论是营销还是广告服务的主体，都是“产品”。后来产品过剩了，企业就开始增加“服务”，来提升产品之外的附加价值。60 年代之后，当产品与服务的差异化都不再明显，企业开始赋予产品个性和精神以获取消费者的认同。打造品牌，逐渐成为各大广告代理商与企业的共识。

20 世纪六七十年代，是世界广告发展史上的重要时期，美国的广告业得到了飞速发展，内容和形式上都产生了前所未有的大胆创新。广告创意领域出现了多个流派，比如：软性推销派，以营造感性氛围见长；硬性推销派，以提供理性购买理由见长。

李奥贝纳（Leo Burnett）广告的创始人李奥·贝纳，成就了众多知名品牌，被《时代》杂志评选为20世纪100位最有影响力的人物之一。他相信“产品即英雄”，要尽力发掘产品自身的客观价值，以及“与生俱来的戏剧性”。他曾为万宝路策划的牛仔系列广告，使得这一已经山穷水尽的品牌转亏为赢，成为世界最经典的香烟品牌。

DDB广告的创始人之一威廉·伯恩巴克，是广告艺术派的代表。他认为，唯有依靠独创性和新奇性，才能让广告有力量与世界上一切惊天动地的新闻事件相抗衡。他的代表作是大众甲壳虫汽车及艾维斯租车。作品所呈现出来的主题，看似反常，却能直击人心，令人拍案叫绝。

奥美（Ogilvy & Mather）广告创始人大卫·奥格威，被媒体称为“广告教父”与“现代广告的推动者”。他是广告科学派的代表，成功案例包括劳斯莱斯、海瑟威衬衫等。他认为“每一则广告都能成为品牌形象的长期投资”，因此他提出了BI（Brand Image）品牌形象理论。这一理论，在克劳德·霍普金斯于1923年所提出的“科学广告观”基础上，突破了单一产品性能的视角，将产品功能、广告风格、品牌形象进行了有效组合。

在70年代，CIS（Corporate Identity System，企业形象识别系统）风行于欧美国家，成熟于东亚的日本。这一理念，又可分为MI（理念识别）、BI（行为识别）、VI（视觉识别），它源于美国IBM（国际商业机器公司）所倡导的“设计应用统一化”。随着企业的全球化发展，如何打造标准化、可管理的企业形象识别系统，成为企业发展的重要命题。

在不同观念与方法论的形成与演变过程中，有一个观点得到不同流派的一致认同，那就是对打造品牌重要性的共识。品牌包含在所有的广告内容中，又在所有的营销手段之上，会在潜移默化中影响消费者的购物决策，因此获得了越来越多企业的重视。

3. 定位时代，将消费者心智视为终极战场

20 世纪 60 年代末，美国营销大师杰克·特劳特和艾·里斯，提出了“定位理论”这一营销新观念，其核心要旨在于：“每个品牌都应使用一个独特的概念来占领用户心智，使自己在用户心中与众不同。”

定位理论，是有史以来对美国营销领域影响最大的观念。它在传统营销理论之上，扩大了视野和格局，让营销对“产品本身”的关注，转移到消费者服务、消费者心理之上。

当时，美国市场的竞争加剧，产品供过于求，迫使消费者在同质化的产品中做出选择。所以定位理论的核心不是围绕产品做营销，而是先找到产品的差异点，然后再将其定位在潜在顾客的心智中，是一种“以消费者为中心”的营销思路。

定位理论的核心原理“第一法则”，要求企业必须在顾客心智中区隔于竞争者，成为某领域的第一，以此引领企业经营，赢得更好发展。定位理论认为：消费者心智为终极战场，打造品牌就是要在这场心智战争中取得主导地位。

从 20 世纪 60 年代到 80 年代，以“定位”为标志，从用户服务关系到用户忠诚度，组合营销的应用范围得到进一步扩大。

4. 品牌整合时代，品牌理论的融合与升级

20 世纪 80 年代到 90 年代初，迎来了品牌理论大整合的时代。“品牌资产”的概念，在美国学者戴维·阿克（David A. Aaker）《管理品牌资产》一书中被首次提出。品牌资产主要包括 5 个方面，即品牌忠诚度、品牌认知度、品牌知名度、品牌联想、其他专有资产（如商标、专利、渠道关系等），这些资产通过多种方式向消费者和企业提供价值。

品牌资产这一概念的提出，改变了衡量品牌价值的标准。早年的品牌价值，更多是以短期销量来衡量的，这个过程重视的是广告、分销、推广、定价等。而从长期来看，品牌资产才是主宰企业沉浮的“砝码”，因为它涉及企业战略、客户洞察、客群细分、价值主张、产品服务，更需要企业家的创新精神。品牌资产是一种超越生产、商品等所有有形资产以外的价值，除了本身具有经济价值（可估值）之外，还可以带来稳定的超额收益，是企业不可缺少的核心资源。

20 世纪 90 年代以来，品牌战略和品牌管理，成为公司战略和管理的重大课题，围绕如何做好品牌管理，出现了大量专著与理论体系。在这段时期，学术界有关品牌的研究也到达了顶峰，“品牌冰山”“品牌丛林”“品牌价值链”等各种新概念层出不穷。

理论界从关注品牌形象转向关注品牌个性。美国著名品牌专家凯文·莱恩·凯勒（Kevin Lane Keller）提出“品牌性格论”，认为品牌个性是“人格特质的组合”；斯坦福大学的珍妮弗·阿克（Jennifer L. Aaker）提出五大品牌个性维度：真诚、兴奋、能力、精致、强韧。这些品牌个性的观点认为：建立品牌个性，可以给

予消费者在满足产品功能之上，实现表达自我的机会；缺乏人格特征的品牌，很难与消费者建立关系。

各大广告集团也在20世纪90年代刮起“品牌风”，重新规划自己的作业理念和程式。

奥美提出了“品牌管家”（Brand Stewardship），并在90年代末进一步提出了“360度”品牌工具箱。盛世长城（Saatchi & Saatchi）提出了“全球品牌策略”（the Global Branding），电通（Dentsu）提出了“品牌传播”（Brand Communication），达彼斯（Bates）则以“品牌精髓”为出发点提出了“品牌轮”（Brand Wheel），智威汤逊（JWT）从以前的“汤普逊方式”转变为“整体品牌建设”（Total Branding），等等。

除了策划工具与管理模式外，广告公司还在广告调研、监测领域进行了相当深入的实践。

2002年前后，经历了几轮国际广告集团的收购与并购后，众多广告集团更加强调用技术来构建自己的核心能力，越来越重视研发力量的配备、专有工具的开发，来作为公司的无形资产。这个阶段，理论工具和方法论的更新相对较少。

其实，自20世纪90年代起，一个“整合营销”“生态营销”的时代，已然开启。营销与广告这两大行业，已经殊途同归地走向了品牌之路。在“整合营销学”的策略指导下，品牌这一新物种开始蓬勃发展。同时，生态学和品牌学的交叉学科——“品牌生态学”被提出，作为网络经济时代各种品牌思想、方法及先进品牌管理技术的集成、综合和创新，它成为解决企业品牌复杂性问题的一门指导性科学。

综上，我们不难看到，品牌理论与方法，在发展过程中形成了可持续增加，甚至多学科交叉融合的趋势。在专家学者与品牌实践、管理者的探索中，这一理论体系不断被补充完善。而人们对品牌的认知与理解，也绝非一成不变，随着时代变化与媒体营销手段的进化，品牌的内涵越发丰富。

品牌共通论是什么？

今天，数字科技与移动互联网，拉近了人与人之间的距离，成就了人与人信息链接上的共通，但是沟通的难度并没有因此降低，相反，海量化的信息、碎片化的时间与注意力，反而造成品牌传播效率的极大损耗。

在品牌营销领域，有着先见之明的企业、品牌主与用户，正不约而同地追求、奔赴“共通”的目标。“共通”的内涵，包括有形的效益，也包括无形的认同。品牌塑造的全过程，其实正是一场从无到有、寻找并创造一种“共通”的历程。

品牌共通论，是战略级的品牌应用公式：原力 + 爆品 + 符号 + 共创 = 共通之道。它以“共通之道”为目标，依照“原力、爆品、符号、共创”四大关键步骤，融合人文、艺术、科技等相关元素，完成品牌的系统化塑造。

品牌共通论，提炼自真实的品牌工作经验，可以切实地助力营销落地工作，帮助企业与品牌主创造更大价值。它不仅能够解释经典品牌的成功路径，适用于各种企业品牌、产品品牌、服务品牌等领域，也能指导当下大多数新生代品牌的塑造。

品牌共通论的操作方法，共分四步。每一步都有一个具体的指导方法论：（1）以原力为核心，以九矩黄金螺旋原力通论为指导；（2）以爆品为代表，以西格玛叠值爆品通论为指导；（3）以符号为烙印，以 5S 符号模型通论为指导；（4）以共创为目标，以七维共力共创通论为指导。如图 1-1 所示。

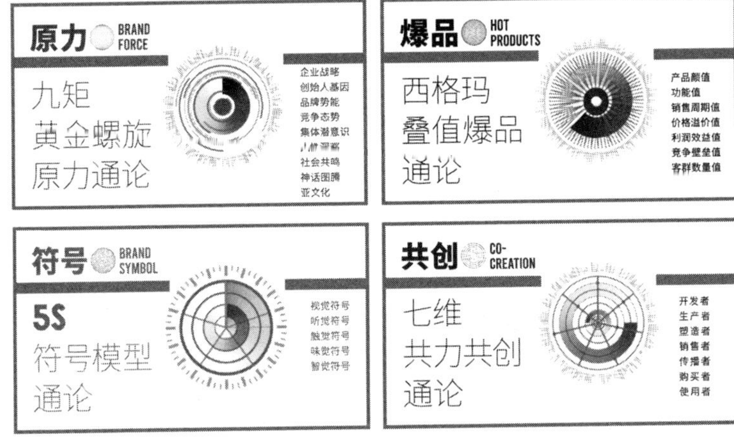

图 1-1　品牌共通论的操作方法

1. 发掘原力

品牌共通论的第一步，就是发掘原力。品牌原力是品牌的文化共通力，是打通消费者集体潜意识与消费共鸣点的重要基础，它内含 9 种黄金原力，既构成了品牌的核心价值系统，也是所有创意表达的出发点。品牌原力为品牌的发展壮大提供源源不断的能量，让消费者更加信赖品牌、认同品牌、顺从品牌的指令。

2. 打造爆品

品牌共通论的第二步，是打造爆品。在产品过剩、同质化严重的时代，光有产品是远远不够的，唯有爆品才能满足消费者的个性需求。作为品牌的明星款，它集价值、颜值、人气值为一体，是顶级消费流量收割机。作为打通产品研发与价值感体验的代表作，爆品一经发售，供不应求，唯其可以卖得贵、卖得多、卖得久。

3. 开发符号

品牌共通论的第三步，是开发符号。品牌符号，放大品牌的核心价值，是品牌原力的极致表达。成功的品牌符号，是建立品牌区隔和客群识别的基础，是公司核心资产的护城河。围绕五重感官系统所开发的符号系统，可以为品牌塑造市场认知的第一印象，包括：视觉、听觉、味觉、触觉、智觉等全方位体验。

4. 激活共创

品牌共通论的第四步，是激活共创。从构筑产业生态的高度来构筑品牌，整个营销链条包括生产者、销售者到购买者在内的七大角色，它们都是品牌的共同创造者。不再是闭门造车式的生产，也不再只有单向的传播，品牌通过种草、裂变、社群、跨界联合，打造多角色参与的营销链，在共创中获得持久的生命力。

品牌共通论，就是塑造品牌的通用级方法论。它的通用性，在于它是从不同行业、不同品类的品牌营销工作所归纳得出的规律，同时经过实战的反复验证。遵循这四步实战方法，可以让企业品牌打造更有的放矢、有章可循。无论是新创品牌，还是成熟品牌，品牌共通论都能让品牌实现品牌能量与价值曲线的重造，形成其他竞争者难以逾越的强大壁垒。

品牌共通论，作为体系化的实战方法论，能够帮助企业的品牌管理者拥有更全面的专业视角，同时，它也具有通用性与易于操作的特点，让不同专业程度的执行者都能参与其中。

共通型品牌的三大特征

“共通”的时代已经到来，每个人都有机会成为品牌价值的共创者；而每一个成功的品牌，则必须自带“共通”的特质，本书称之为“共通型品牌”。共通型品牌主要表现为三大特征：（1）里应外合，实现品牌对象的共通；（2）一统天下，实现品牌触点的共通；（3）全体参与，实现营销角色的共通。

1. 里应外合，实现品牌对象的共通

品牌的共通，不仅包括面向市场的对外传播，更需要企业自身力量的内化与修炼。

品牌的塑造，必须由内而外，发掘出品牌最核心的原力，打通各路脉络，才能让企业的品牌“元气”运行畅通。从品牌的创始人、企业员工、企业客户、合作者、消费者到社会公众，在他们之间建立起更为融洽的关系。

武侠小说中经常会描写到这样的场景：习武之人经过多年修炼，终于打通了“任督二脉”，功力大增，成为一代宗师。其背后的原理，正是中医之道：任脉主血，督脉主气，只要这两路人体经络主脉相通，则百脉得以连通，进而改善体质，强筋健骨，无往不通。

品牌的目标，就是要以共通的思维，去考虑企业内外、各种类型的品牌化对象。

我们通常所说的品牌，往往局限于产品品牌这一种，但如果用共通思维来看，可以发现，企业的各种资源、产品、服务，都有机会打造成品牌，形成独有的品牌资产，包括：产品品牌、服务品牌、企业组织品牌、人格化品牌等。

前三种品牌类型比较常见，业界也已形成基本共识。

产品品牌，是为有形的商品所塑造的品牌，包括日用消费品、工业品等，还有众多零售商定制的自有品牌。2021 年 10 月，我曾出任首届中国自有品牌“九霄奖”评委，见证了盒马鲜生、京东京造、名创优品等一系列自有品牌的蓬勃崛起。如今，自有品牌已成为各大零售渠道进行差异化竞争、创新破局的重要选择。

服务品牌，是为无形的服务所塑造的品牌。服务业在国民经济与产业结构中的地位举足轻重，餐饮、商旅、金融、物流、家电、汽车等行业的咨询与售后保障，都需要大量服务支持。但服务本身无形，标准难以界定，服务品牌就更需要有强有力的可识别性。比如物流行业一提起首选品牌，大家就会马上想起顺丰，这正是因为其稳定、靠谱的服务品质带给人一致的印象。

企业组织品牌，既包括常见的公司品牌，比如通用、宝洁、中国平安、联合利华等；也包括了各大非营利组织、机构及活动品牌，比如央视春晚、世界杯、奥斯卡、长江商学院、西岸音乐节等均属此类。塑造这类品牌的目的，就是在受众心目中建立起专业、权威、有实力的形象，为后续推出的产品内容做担保背书。系出名门，自然更易获认可。

除了上述 3 种，还有第 4 种类型“人格化品牌”，也是要重点介绍的。人格化品牌，就是将企业产品或服务的各种特性，转化成各种人格特质，通过人的外表、性格、言行等来表达品牌的内涵，以此让消费者对品牌更容易产生信任与兴趣。它的内容包括品牌自身的人格设定、造型设定、背景设定等，也包括个人品牌的打造。

相比其他品牌类型，人格化品牌具有更直观的形象联想，以及更强的生命力与更高的情感温度。品牌的人格化特征越突出，受众的记忆就越深刻。可以说，人格化品牌是最具有共通力的品牌类型。在全球的企业界与学界，众多具有前瞻视野的人士已经意识到“人”将成为未来商业时代的链接终端。每一个人都有可能成为超级个体，其价值将超过很多传统意义上的企业或机构。

人格化品牌的对象，包括企业家（如格力董明珠）、明星员工（如董明珠曾经的女助理孟羽童）、虚拟偶像（如百度 AI 数字主播“希加加”）、动漫代言人（如北京冬奥会的“冰墩墩”）等。同时，很多以明星、名人以及“超级个体”为核心的商业模式，都可以进行人格化品牌的打造，包括运动员、歌手、演员、主持人、作家、学者、导演、经纪人、网红主播等，这类品牌又可以称为

“个人品牌”。世界闻名的福布斯财富榜，多次推出中国名人排行榜，体现的正是个人化的品牌价值。

最典型的人格化品牌，当属企业家个人品牌，比如苹果的乔布斯、脸书（现更名为 Meta）的扎克伯格、京瓷的稻盛和夫，这些企业家的个人形象，早已成为企业品牌形象的一部分，同时，他们也是传递企业与品牌价值主张的“超级代言人”。

良好的企业家形象，对于产品与服务的消费者、市场的投资者以及公司的声誉有着重要的影响。懂得打造、管理企业家个人品牌的公司，比没有企业家个人品牌的公司可以获得更高的关注度。2020 年开始的新冠疫情，令越来越多的企业家意识到网络流量与个人品牌的价值，往日低调的企业创始人也开始从幕后走向台前，像罗永浩、李国庆等纷纷加入直播赛道，以个人角色向公众发声。

企业家个人品牌，会让企业与产品从一开始就自带话题和流量。同样是卖甜橙，为什么褚橙的关注度比普通橙子高？除了橙子本身属于云南特产，以味甜皮薄闻名之外，更重要的是因为“褚橙”这个品牌，由昔日“烟王”、红塔集团董事长褚时健种植而得名。经历过人生低谷的褚老，在 74 岁高龄绝地反弹，以耄耋之躯创立了“褚橙”。“励志橙”的美誉与精神，令世人敬重。消费者买的不只是商品，更是引发其共鸣的个人故事与创业情怀。

理论上，每个人都可以成为品牌。正像微信公众号登录页面那句话：“再小的个体也有自己的品牌”。每个人对社会都有独特的意义与价值，只不过影响力的大小不同。

品牌共通论认为，要以“共通”思维去统领品牌发展的力量，将人格魅力融入产品中。因为人格化的品牌，比普通的产品品牌更有情感温度，更能够吸引趋于分散的用户群体。当它持续输出优质的内容，传递出独特的思想与价值观，就会不断聚拢大量认同这种价值观的粉丝，凝聚成巨大的用户群体。

通过价值观的传递，实现“企业家个人品牌、企业品牌、产品（服务）品牌”三者之间的共通，真正构成“名家＋名企＋名品”的一体化品牌格局，为企业发展提供源源不断的增长力。

2. 一统天下，实现品牌触点的共通

在品牌系统的构建过程中，有一个重要的因素，叫作品牌触点。顾名思义，品牌触点，就是品牌与受众之间所产生的接触点。品牌触点形式多种多样，包括店铺、网站、展厅、广告、包装、现场活动、销售手册、服务礼仪、高管形象等。据统计，一名顾客从接触新品牌开始，到逐渐接受它、购买它进而喜爱上它的过程中，品牌触点超过了 150 个。

面对形式各异的品牌触点，我们需要用“共通”思维，对其进行统筹管理。品牌管理的工作，其实就是围绕品牌的利益相关者尤其是核心用户，制造出各种富有魅力的品牌触点，进而达成品牌体验的“共通”。

近年来，互联网信息的传播速度和广度有目共睹，顾客与品牌的接触点在不断增加，但品牌触点的扩展面越广，企业就越需要在它们之间相互构建起关联。这样，才能在受众的心目中联结成他们对一个品牌的共识。

所有触点带来的品牌体验将会相互作用、相互影响。只有品牌与受众的每一个触点，都能传递出一致、美好的印象，品牌才能在受众的脑海中形成高品质的感知。这些感知反复刺激人们的记忆，最后沉淀为“一体化、品牌化”的印象，进而引发购买行为。

相反，如果这些触点给人的印象是毫无关联、良莠不齐的，如一盘散沙，就会降低品牌的感知品质与营销效率。

那么，如何将品牌的触点实现核心一致化呢？学习完品牌共通论之后，我们将会理解，真正的“共通”必须要回到第一步“品牌原力”去思考。找准品牌的原力，让原力来统领每一个品牌触点，最终形成合力。我们要确保这些品牌的触点，既能提供丰富的体验，又能保持相同的品牌个性与品牌符号，而不是杂乱无章的。

一言以蔽之，品牌的终端触点多多益善，而品牌的原始触发点必须始于品牌原力。唯有如此，才能保证品牌输出的整体性，真正实现理念的共通。

3. 全员参与，实现营销角色的共通

在传统的生产方式与营销链条里，生产者、销售者、消费者，都是相对独立的角色。而共通型品牌的运作，将不同的角色链接在一起，让它们融合、共创，实现成果的共通。共通型品牌的核心特征，是通过打破角色边界，通过内容与品牌触点深度结合，建立品牌与用户的共识与信任关系，从而沉淀品牌资产。

以前，产品是生产者说了算，消费者只需要根据自己的需求

决定买或者不买。而现今和未来的消费关系，是一个逆向生产的过程：消费者需要什么，生产者就得生产什么。在这个过程中，每个与品牌发生链接的人，都可以是参与者、创作者、分享者，每一个销售的环节，都可以成为对产品进行改进、优化的依据，也能成为传播素材。

针对这一趋势，企业需要设计好多角色参与共创的长久营销链，在共同参与中拓宽客群容量。

首先，企业与品牌方需要在线上建设好自媒体矩阵，在各种短视频平台上发布内容，从而让消费者在网上可以轻易地找到自己。需要注意的是，这些内容与点评并不能完全依靠企业自己创作，而是要发动品牌的铁粉和核心用户来提供与发表。

其次，在各大 UGC（用户生成内容）平台上进行营销时，企业要关注到用户多重身份的共通与互换，用好种草、开箱、社群、裂变与跨界联合等共创方式。因为这些平台上的用户，融合了内容的生产者、分享者、消费者等多重角色。比如，小红书 App 上的用户，可以发布各种知识干货、分享自己的生活场景，也可以转发、传播他人的优质内容，同时，还可以因为看到他人的分享之后，在小红书或跳转到其他平台上购买商品，成为消费者。

今天的消费者，不再只有单一的身份；今天的品牌，也不能单单依靠企业主方面的运作，而是需要通过和用户共创实现快速成长。只有当品牌价值是消费者主动参与创造的、深度认同的，品牌才能获得溢价和可持续增长。在这个过程中，企业才能够实现品牌影响力的裂变扩散，赢得更广阔的消费群体。

从企业到国家，品牌大有可为

品牌最初的功能，就是区分产品的归属与身份的证明，之后才逐渐成为商业世界最重要的元素之一。今天，有越来越多的人认同，拥有市场比拥有工厂重要，而拥有市场的唯一办法，就是拥有占据市场主导地位的品牌。

未来学权威学者阿尔文·托夫勒，在其著作《权力的转移》中提到，“公司实际资产已经不如以往那么重要，取而代之的是关系与沟通”。他认为，真正值钱的，不是公司的办公大楼或者家具电器，而是公司的“交际手腕、人际关系、实力与管理系统的组织模式”。

毫不夸张地说，品牌，已经成为企业最重要的资产。那么，品牌对于企业与消费者的作用与价值，具体怎么体现的呢？我们从 4 个层面对品牌的作用进行解读：企业层面、消费者层面、行业层面、国家与民族层面。

1. 品牌在企业层面的作用

在企业经营或商业合作中，一方通常会借助权威人士或高价值物品（名车、豪宅等）来增强对方对自身实力的信任度。这个过程就叫作信任背书，即以良好的企业声誉作为担保。而品牌就属于企业声誉之一。

同样是用餐，选择餐厅时，我们除了听从朋友的建议，还可能会通过美团、大众点评等应用程序查阅“好评等级”。哪一家餐厅的好评等级越高、正面口碑越多，我们当然也就越倾向于去哪一家。这里体现的，也是最基本的信任背书。

品牌能够带来信任背书，区隔对手、产生溢价。一家企业，如果没有自己的品牌，就无法让市场与经销商快速信任自己，无法吸引与留住优秀人才，也无法让消费者快速关注到自己的商品，无法提高商品售价获得更高的利润。

所以，品牌的首要功能，就是解决信任问题。要想赢得信任，就要努力建立起品牌在受众心中的正面认知。

品牌连接着企业与用户之间的信任关系。品牌的量级越大，得到的信任度也就越高，也就会被越多的消费者选择。

品牌的第二大功能，就是区隔竞争对手。企业无时无刻不处在充满竞争的环境中。品牌，除了可以在产品外形与理念表达上构建识别与感知的差异性，也可通过法律手段建立自己的“护城河”，并在长期经营中和竞争对手拉开差距。

可口可乐红色的罐子、曲线型的瓶子、飘逸的手写体标志、欢快畅爽的广告调性，这些都是它独有的品牌外观。这些营销上的差异性，让可口可乐在消费者的心智中构成独一无二的认知。

依云（Evian），法国顶级天然矿泉水品牌，零售价是普通瓶装水的十倍，这绝不仅仅是因为水的品质与成本真的存在那么大的价值差异。抛开进口瓶装水的物流与营销成本，依云的主要品牌价值，其实就在它的瓶子上。

当你饮用一瓶依云水的时候，它优雅的瓶身与精巧的外形，可以带给你与众不同的品牌联想：蓝色的瓶盖、粉色标识中的阿尔卑斯山，都可以让人想起法国贵族的水疗传奇，你所品尝的每一滴水，都来自依云镇莱芒湖，由雪水融化、经历 15 年天然过滤与冰川砂层矿化所形成。如此口感怎能不高级？

这些都是依云不可替代的品牌无形资产，而且受到法律保护。企业可以对品牌的标识设计、外观设计与产品的专利技术，进行商标注册与保护。一旦经过商标注册，品牌就构成了企业专属的知识产权，其他公司未经许可而仿冒，属于违法行为。

品牌的第三大功能，就是产生溢价。溢价的原意，是指所支付的实际金额超过原本的价值。在这里，指的是由于品牌的成功塑造，用户愿意以更高的价格购买产品。我们经常看到，在企业的巨额兼并案例中，实际的收购价格远远超出被收购企业的账面价值。这种大量溢价，品牌在其中起到了关键作用。

市场中有两种产品定价模式：贴近成本定价和非成本定价。前者把商品的中间成本降到最低，以性价比取胜；后者则是通过品牌的影响力定价，通常溢价很高。

以大牌奢侈品为例，一个路易威登（Louis Vuitton）的包可以卖到几万甚至十几万元，而一个非知名品牌的包，可能只卖几百元。虽然包包的品质可能略有差异，但绝没有价格体现出来的差异那么大。让人感慨的是，消费者就是愿意花更多的钱购买名牌商品，哪怕其质量还不如普通牌子的产品，这是因为购买名牌让消费者的心理感受更好。

高端奢侈品的定价模型，就是非成本定价，它不仅提供商品，更提供一种心理满足感。在这样的定价模式下，商家极少打折促销，而是会选择停产或者涨价。因为，打折等于降低了奢侈品牌的价值。而停产的产品，还会因为其稀缺性在二手市场中变成抢手货，这也有利于奢侈品牌继续升值。

品牌的溢价能力，还会因为品牌在用户心目中地位的高低，产生巨大的差别。大众辉昂和奥迪 A6L，是同一平台打造，都属于 C 级车。辉昂刚上市的时候，售价在 34 万 ~63 万元，但由于销量惨淡，大众被迫降价，入门版价格一直降到 20 万元出头，销量依然不尽如人意。这是因为用户认为，大众的品牌产生不了这么高的溢价，因此不愿意为之买单。而反观奥迪 A6L，依旧是 C 级车市场的中流砥柱。同样的平台，同样的配置，只是换了个车标，便造成截然不同的结果。这就是不同品牌的溢价率导致的差别。

2. 品牌在消费者层面的作用

对消费者而言，品牌的第一个功能，是降低选择的成本和购买的风险。

品牌的背后是商品，无论是实体产品还是服务性的商品，商品的存在都是为了满足市场的需求。但是，同类型的商品千千万，面对如此多的商品信息，消费者不可能是所有领域的专家，在购买时很容易选择困难。

这就必须提到选择商品的成本问题，诺贝尔经济学奖得主科斯认为，我们在选择商品时所付出的交易成本，既包括金钱成本，也包括时间成本。人们容易看到品牌的溢价部分，交易成本往往容易被人忽略。

一个好的品牌，消费者的认可度高，在购买时就会不加思索地选择它。这样，既节省了购买前决策的时间成本，还节省了后期维护的金钱与时间成本。因为品牌所保障的好品质，大大降低了问题商品的概率。这些都是品牌带给人们的信任感与便利性，相当于帮助人们降低了成本。

每个人的心智容量与记忆能力是有限的，针对同一品类的商品，我们最多只能记住 7 个。随着商业时代的发展，海量商品不断涌现供大于求时消费者能记住的更少，出于降低决策风险的本能，会更倾向于选购某个品类的领导品牌。

比如买汉堡很多人会优先考虑麦当劳，吃比萨很多人会先想到必胜客，喝咖啡先想到星巴克，买瓶装水可能会先想到农夫山泉，等等。如果你去选购空调，看到两个品牌，一个是“格力”，另一个是你从来没听过的“格格”，相信你会毫不犹豫选择前者。因为“格力”空调是知名品牌，大家都在用，选它很让人放心。而“格格”空调你连名字都没听过，你敢买吗?

对消费者而言，品牌的第二大功能，是自我展示与获得社会认同。杰出的品牌，除了产品本身具有的实用价值，还有丰富的象征意义，也就是前文所提到的品牌的无形价值。

在社交场合，你可以通过拥有或展现某个品牌，来彰显自己的个性、品位与地位；同样，别人可以通过观察你的衣着、配饰甚至你去的餐厅、点的饮料，了解你的身份、收入与喜好。

众多汽车品牌的营销，经常以身份的优越感作为传播的切入点。驾车者的座驾品牌，某种程度上就是他的个性与身份信息的外化。如果他开一辆兰博基尼，那么他一定拥有好动的基因，从不掩饰自己对速度的渴望，喜欢挑战与多变的环境；如果他是奔驰的车主，那么社会地位与身份的尊贵感，是他比较看重的，他的职业可能是企业老板或高管；如果他是沃尔沃的车主，那么他通常比较低调、务实，追求稳定、高品质而又不张扬的生活。

在宣扬个性的汽车品牌中，Jeep 不可忽略。作为吉普车的鼻祖、四驱与越野性能的代名词，Jeep 是全球最著名的汽车品牌之一。这个源于“二战”时期的军需产物，是老男孩们的梦想之车。那句广告语“不是所有的吉普都叫 Jeep”，更是体现其与生俱来的血脉渊源和传奇气质。

其实很多人选择 Jeep，并不是真正看重它的越野性能，而是对自我个性的表达，以及对自由的向往。Jeep 旗下的牧马人、大切诺基、指南者等多款车型，收获的不仅是越野圈的认可，更吸引了大量圈外的拥趸。无论参加集体车友会，啸聚城市街头，还是孤身自驾游，凭着 Jeep 的名字与个性外形，总能吸引路人的眼光，有一种“四海之内皆兄弟”的豪迈之气。

在社交媒体时代，产品与消费场景的颜值是否够个性，是否让人愿意将你的产品分享到自己的“朋友圈”，是企业在打造品牌时需要重点考虑的因素。精品咖啡品牌阿拉比卡（Arabica），尤其注重产品外包装及门店空间形象，将百分号“%”打造成自己的标志。它的门店在各个城市一亮相，就成为当地文艺青年争相前往的“打卡胜地”。这是因为满足了年轻消费者追逐时尚的心理，让他们产生一种紧迫感，似乎稍晚一步，自己就不够“潮”了。

3. 品牌在行业层面的作用

品牌能促进行业的良性竞争，不断推动行业发展。没有品牌，商品就只能是货品，大量同质化的货品只能进行激烈的价格战。而品牌的树立，将商品分出高端、中高端、中低端等不同层次，让各种定位的商品，都能在自己的赛道中健康发展。

行业领导品牌，可以利用其坚实的经济后盾基础与市场扩展的能力，不断推出新品，带动企业进入新市场，还可利用品牌资本运营的能力，通过特许经营、合同管理等形式进行扩张。行业领导品牌，对行业能起到表率作用，也引领着消费潮流。

领导品牌通常非常重视市场的培育，通过提升市场的理解与认知，让用户形成极高的忠诚度、追随度。比如，PC（个人电脑）机操作系统的代名词就是 Windows，国内搜索引擎的代名词就是百度。人们往往会说：去“百度”一下！当一个品牌与一个词紧密关联，在用户的心中它就代表了该行业的选择。

国内的家用纺织品行业，消费者对于家纺的品牌认知度曾经非常低，消费者购买家纺产品多是为了美化家居，搭配居住空间的装修风格，因此影响他们购买的主要因素是产品花色图案和价格，只有少量消费者才会关注所购家纺产品的品牌，这一点与服装、快消品等行业相比有着极大的差别。

由于市场消费意识的不成熟，也导致国内家纺企业在进行产品开发时，只能局限在产品外观上下功夫。产品创新非常有限，无非是多几个颜色、花型、款式、造型。新品类开发很少，导致无数企业陷入了价格层面的“厮杀”。

随着梦洁、罗莱、富安娜、水星等品牌率先走出创新之路，家纺行业才被前所未有地“激活”了。这几个行业领导品牌，将家纺产品的价值从实用性提升到装饰感、舒适感的层面，提出

“艺术家纺、超柔床品、睡眠科技”等概念，为行业带来了新的潮流，也为行业内的其他品牌树立了标杆。

行业的领导品牌，有着足够的动力不断创新，推动整个行业的进步。

轮胎行业几万家同行的激烈竞争，让各种老牌企业纷纷倒闭，但固特异轮胎却一直屹立不倒，迄今已经经营超过 120 年历史，还把轮胎做到了月球上。

1898 年创业之初，固特异规模并不大，但凭借不断问世的新产品与新科技，越战越勇。1899 年引进充气轮胎；十年后推出飞机与卡车专用充气轮胎；1913 年，推出固特异“飞艇”，在军事方面大显神通；“二战”期间，开始制造人造橡胶，为盟军制造了 4000 多架飞机；1971 年，研发太空车轮胎，助力“阿波罗”号登陆月球。此外，它还创造过 F1 赛事 368 次冠军纪录。最新亮相于 2018 年日内瓦国际车展的概念轮胎 Oxygene，更是利用苔藓的光合作用与 3D 打印技术，实现了免充气轮胎构造，大大提高了轮胎的耐用性。

从车马交通到奔向宇宙，人类科技树的每一次点亮，几乎都有固特异的参与。固特异凭着一代代的创新与传承，适应了日新月异的市场需求，也给整个轮胎行业指明了方向。

4. 品牌在国家与民族层面的作用

品牌不仅是企业开拓市场、战胜对手的有力武器，更是国家实力和民族竞争力的综合体现。

对于国家或民族来说，品牌能够彰显国家实力。因为它能构建内部与外界的信任，是国家实力与整个民族财富的象征。塑造国家品牌，就是提取本国的优良特性，将这种特性转化为一种为世人认可的形象，从而打造彰显国家形象的名片。

中国目前是全球第二大经济体，很多领域的产出规模位居全球第一，中国企业与西方国家企业的产品品质差距正在缩小，甚至很多产品、服务已经可以与国际一流企业比肩，但品牌领域的短板严重限制了中国企业的影响力。对比中美两个国家，不准发现：中国更多利用劳动力优势从事加工制造，解决就业问题；而美国更多利用品牌与技术优势在全球范围内配置资源，获取更高的资本报酬。

从业早期，我曾经在国际 4A 广告集团负责摩托罗拉、大众汽车等全球品牌在中国市场的推广，吸收了国际品牌系统化、科学化的运作原理。近年来，我致力于中国本土品牌的构建与升级，并于 2018 年、2022 年先后参与央视“国家品牌计划”及新华社“民族品牌工程”等项目策划。其间我深切地体会到，中国企业的收入高和规模大，但品牌价值低，这和中国经济长久以来高投入、高增长、低附加值的发展路径有着分不开的关系。

在全球品牌的版图中，中国品牌与世界领先品牌的差距依然显著，我国只有华为、腾讯、联想等少数知名品牌，与拥有苹果、亚马逊、脸书、谷歌、可口可乐、麦当劳等品牌的美国，以及拥有索尼、丰田、松下等品牌的日本相比，不可同日而语。

国家品牌与民族品牌，是国家形象的载体，代表了一个国家的国际形象。它是国家产业的高端水平，也是民族文明积淀的成果。在经济全球化时代，如果一个国家没有优秀的民族品牌，就只能充当他国的贴牌生产基地，耗费大量的人力物力，却只能赚取少得可怜的加工费。

根据福布斯财富排行榜等评定结果，一个国家或地区的经济实力和地位，与品牌的多寡、强弱密切相关。随着我国国力日渐强盛，民族品牌战略必然上升为国家战略。建设和复兴民族品牌，是国家文化复兴、产业转型升级的必然要求，同时，也承载着重构民族自尊心和自信心的历史责任。

在经贸全球化不断加深的同时，品牌全球化也成为汹涌向前的发展大势。衡量中国经济发展水平的指标，就是看能否涌现一批世界级的中国品牌。借助企业、政府、媒体、学界以及全社会的共同努力，日益壮大的中国品牌必将在国际舞台上交出耀眼的“成绩单”，在全球拥有更大的话语权、创新性以及影响力。

第二章

原力：发掘与生俱来的势能

品牌原力，是品牌赖以生存的文化共通力，是打通集体潜意识与消费共鸣点的重要基础。

什么是原力？

1. 强大的品牌，皆因原力而生

品牌犹如生命，自有其沉浮与枯荣。那些历久弥新的经典品牌，那些出奇制胜的新锐品牌，皆以各自的骄人业绩向世人昭示着这样一个真理——品牌的打造，不分先后，只论高下。其中最关键的一步，就是要探寻到品牌的原力。

那么，何谓原力？“原”在辞海解释中有最初、根本、推究根源之意，“力”则有一切事物所具有的效能或作用的含义，如我们常说的力量、能力。我们可以将原力理解为最根源的力量。拥有原力才能让品牌形成核心价值观，从而吸引人，让人信任你，购买你的产品。若没有原力，品牌的一切都将无从谈起。

品牌共通论认为，强大的品牌，皆因原力而生，继而通过爆品和符号不断延展这股原力，吸引整个生态中的参与者共创，最终形成营销闭环，品牌从此出圈。品牌原力，就是品牌的底层源代码。它将回答品牌从何而来，有何独特优势，它构成品牌的内在与外观。品牌的长久发展，来自于源源不断的原力对它的赋能。而原力，就是品牌的“文化共通力”。

研究品牌的本质，我们可以发现，其实，品牌就是受众对某项产品或者服务的认知与印象的总和。产生这些认知与印象，离不开人们已有的文化经验与认知方式。因此，文化与认知，就是构建品牌的两大底层逻辑。

文化，是人类一切物质财富和精神财富的总和，有时特指精神财富。认知，是一种意识活动，是个体认识客观世界的信息加工过程和结果，对事物规律的判断与总结。

虽然每个人的文化经验与认知方式不同，但其中必然存在着很多共通点。当我们开始规划、创建一个品牌，想要让它被更大范围的人们认同，就要找到这种“文化共通力”。因为文化中蕴含着最原始且最深层的原力。只有从文化的角度去理解，从文化的角度去追溯与挖掘，才能为品牌的王国夯实地基。

2. 原力，无须创造，只待唤醒

那么，原力从哪里来？原力是找出来的。我们要尽可能找到已经存在的“文化共通力”，与品牌建立起联系，从而让品牌从诞生的那一刻起，就被赋予巨大的力量。

原力与生俱来，无须创造，只待唤醒。它如同阿基米德撬动地球的支点，如同科幻电影《星球大战》中天赋的、至高无上的宇宙能量（the Force），如同《孙子兵法》中冲走巨石的水流之“势”。

原力，从最古老的地方来，从人类几百年、几千年、几万年的历史文化当中来。它是“一种不可计数的千百年来的人类祖先经验的积淀物，一种每一世纪仅增加极小极小变化和差异的史前社会生活的回声”。它是人类祖先在漫长的实践活动中，保留在精神中的“种族记忆”或者“原始意象”。

正如心理学家荣格所说，每个人的心里，都安装了一套感知的原型系统。这个原型系统，就是人类的底层认知系统。它就像一个资源库，存储着各种早已形成的意象，可能是文化符号或神话元素。我们可以将它们理解为社会集体和文化结构的共同认知模式之一，是社会文化的循环往复的表征物。

这套原型系统，带有一种“文化共通力”，就像隐藏在每个人大脑深处的集体潜意识，能让个体产生“不假思索，不约而同”的条件反射。

寻找品牌原力，至关重要，因为它是品牌内涵的天赋基因以及最强大的原始能量。品牌共通论认为，不管时代如何变，人性不变，构筑品牌的底层逻辑不变。

一旦找到品牌的原力，就相当于按动了消费者潜意识中的按钮。随后，再通过广告创意、广告语或者事件营销等元素，唤醒隐藏在消费者心智深处的原力，就能让品牌的能量最大化地释放出来，让消费者认知它、认同它、顺从它的指令，继而刺激购买，让消费者快速付诸行动。同时也可以为企业高效赋能，让品牌得以穿越周期。

那么，如何寻找原力？

第一，寻找过去的、文化的根源。回归到人类漫长的历史文化中，寻找社会文化中的根源，那些原本就存在的、有价值的元素。人类学家劳泰尔·拉派尔曾经提出：真正打动人的品牌故事，都不是由品牌设计者杜撰而来，而必须借助文化密码，在消费者耳熟能详的文学、电影、流行音乐、动漫、神话传奇等文化作品中寻找相应的素材，在这些素材的基础之上进行整理归类并加以创造性的改变，引导消费者因文化认同而产生共鸣，并最终成为品牌忠诚的追随者。比如，Jeep 汽车的文化密码提炼成“马”，因为马象征着力量与自由。万宝路香烟对应的文化密码是牛仔，牛仔象征着开拓与闯荡。

第二，利用当下的、新旧社会观念的冲突。这种观念的对立，是创意的绝佳来源。道格拉斯·霍尔特在《文化战略》一书中提到，在社会的主流观念趋势即将结束，而新的、亚文化观念正在冒头的时候，就是品牌发力的大好机会。趁着新观念抬头的趋势，品牌要通过创新的文化表述，去激发消费者甚至全社会对品牌的认同。既然是文化创新，从某种意义上讲，它就是站在正统文化的对立面去寻找机会。

2021 年全国意面零售第一名“空刻意面”，在广告中喊出了“只做妈妈不做饭”。这句话让速食品牌冲上热搜，并引发轩然大波。广告语的表面是想说这个意面美味又方便，让妈妈不用再为给孩子做饭而发愁，但其背后所体现的，正是独立女性意识崛起的社会趋势。

当下的年轻宝妈群体，已经不再是传统意义上的全职太太，她们很多人在带娃之余还拥有了自己的事业和追求的东西，并不是所有精力都放在家庭和做饭上。而这与传统影视广告中对贤妻良母、做家务的妈妈的形象设定，是截然不同的。品牌敏锐地洞察到社会与时代价值观的冲突，并利用独立女性与家庭主妇两种价值观的对立，引发了热议与关注。

以上，就是寻找原力的两大路径。品牌共通论的九矩黄金螺旋原力通论，又细分为九大原力值：创始人基因、企业战略、品牌势能、竞争态势、集体潜意识、人性洞察、社会共鸣、神话图腾、亚文化。从这九个原力值入手，可以更好地去挖掘企业自身与社会的链接点和共通力，下文会详细展开介绍。

3. 原力 vs 定位，融合共通之道

移动互联网造就了今天这个信息碎片化时代。面对消费者极度稀缺的注意力，品牌传播理论与营销方式，也必须面对天翻地覆的环境变化。

"定位理论"作为品牌营销界的显学，由美国的杰克·特劳特与艾·里斯创立，随着 20 世纪工业化时代的兴起而发扬光大，在全世界范围内至今都有着深远的影响。

但随着全球进入互联网时代，社会经济形态、市场体系不断发生变化，特别是中国市场，消费新族群、新趋势不断涌现，传统的定位理论，对于企业在市场竞争中的帮助局限增加，而且存在一定的盲区。定位强调的是差异化，如果某个产品处在一个竞争非常激烈的市场，与竞品很相似，款式也相对固定，又缺乏技术升级，这种情况定位理论就无能为力了。

定位理论曾经在美国极力否定苹果 iPhone 手机，认为在用户心智中没有"一款能够融合 MP3、手机和电脑的多功能手

机”，iPhone 手机的推出会让用户的认知出现混乱，并预言苹果必败。然而，苹果 iPhone 手机的成功，恰恰开创了手机的全新纪元。

喜茶的爆红，也不是因为创造了一个独特的定位占领了用户的认知。在喜茶爆红之前，消费者的心智中并没有“新中式茶饮”的认知。而喜茶通过产品升级和服务体验升级，满足了用户消费升级的需求，才一步步成为全新的茶饮界“黑马”。

品牌共通论认为，定位与原力各有所长。

定位，其实是理性打法，它强调的是差异化，理性地描述产品卖点与市场优势，抢占品类认知。如果某个产品的卖点突出，具有很强的技术创新性，或者产品本身处在新市场、新赛道，就能用定位打法去影响消费者。它适用于：药品、饮料、化妆品、保健品、汽车、手机、家电等。

而原力，用的是感性打法，如果企业某个产品与竞品很相似，款式相对固定，又缺乏技术升级，这个时候，就可以用原力来指导，给自己的企业品牌找一个原型，对外统一形象调性，对内统一价值观。原力所发掘的是“内心深处未被满足的渴望与梦想”，借助高度的人文精神与属性，来影响消费者。它适用于：运动服装、箱包、红酒、地产、奢侈品等。

定位作用于左脑（理性脑），原力作用于右脑（感性脑）。今天众多新消费品牌在开发创新的产品与服务时，走的应该是升级融合路线，而不是差异化路线。一个成熟、专业的品牌创建者，应该结合真实的市场需求，根据不同的产品品类，同时运用定位与原力两门武器，对消费者的左右脑实现全面覆盖。

九矩黄金螺旋原力通论

螺旋是宇宙中最神奇的法则，在自然界中，从松果、螺壳、花朵，到台风、星系，无一不遵循这个法则。所有的弧线、所有的能量，都围绕某个特定的点或者轴旋转、运作，并且不断地扩张或收缩。由于这些螺旋形的曲线，恰好是斐波拉契数列在几何上的图像体现，暗合黄金分割原理，因此又可被称为“黄金螺旋”，由无数黄金矩形运算排序而成。

在品牌共通论中，我们将最核心的品牌原力值比作黄金螺旋。原力通论，将九个黄金矩形（或九大品牌原力点）进行组合，构造完美的品牌原力螺旋。当它们整合在一起，无限向外延伸，就可以生发出强大的能量。它们分别是：创始人基因、企业战略、品牌势能、竞争态势、集体潜意识、人性洞察、社会共鸣、神话图腾、亚文化。

很多人觉得寻找广告诉求非常困难，那是因为如果单从产品卖点的视角看出去的确是一片“红海”。但如果从发掘原力的视角来看，就是一片充满生机的蓝海。品牌共通论九大黄金螺旋原力点，九个思考角度，可以帮助你轻松找到品牌的独特诉求。

接下来，我将结合品牌实例，来解读这九大黄金螺旋原力点。

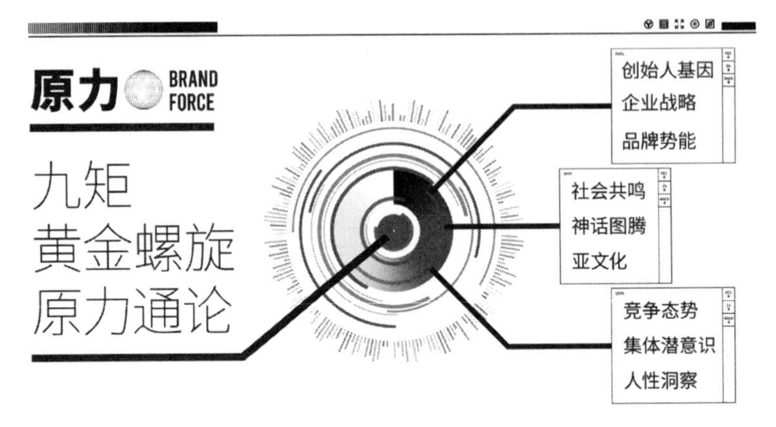

图 2-1　九矩黄金螺旋原力通论

1. 创始人基因

对一家企业而言，组织可以再搭建，资源可以再整合，战略可以再设计，唯有创始人的基因不可复制。创始人基因是集合创始人背景、创业性格类型、职业兴趣、职业价值观等模块的人格特质。品牌的前景，取决于创始人的发心。无论新品牌还是老品牌，其创始人的精神力量都是不可忽视的，因此在品牌原力中，这是不可替代的一部分。

一个品牌的成功，需要创始人将其对企业的使命、对社会的责任以及对产品的兴趣与热爱，全面倾注其中。这里面，既表现为品牌的层面，包括产品技术的升级、用户体验的提升，也包括了企业内在的组织研发能力、不断创新的勇气以及坚守初心的耐力。

创始人基因是所有创意表达的入口与出发点。有一句话大家很熟悉，“不忘初心，方得始终”，它所表达的，正是创始人的发心会让品牌发展得更长远、更稳健。

创始人基因，构成了品牌的核心价值观、品牌的向心力。创始人的初心与抱负是否积极正面，能否找到品牌与社会的链接点，能否为社会持续创造价值，决定了这个品牌能走多远。

业界有很多创始人基因决定品牌原力的案例。最著名的，莫过于乔布斯与苹果公司的关系，大家都知道，没有乔布斯的苹果公司就不是苹果公司。为什么呢？因为乔布斯就是苹果公司的“魂”、苹果产品的“魂”。苹果公司的极简产品设计，源于乔布斯的完美主义性格和对东方“禅”文化的追求。乔布斯一直在美国学习禅道，所拜禅师是日本的乙川弘文，乔布斯追求简约、极致、专注的精神，完美地体现在了苹果公司的产品上。

另一个案例是任正非与华为公司的关系。2021 年，孟晚舟一袭红衣走下中国的政府包机，让世界为之瞩目。但不会有人忘记，华为公司背后的精神红旗，正是其父任正非。

如果要为华为公司的基因找一个关键词的话，无疑就是“向死而生”。任正非于 1983 年因裁军转业；不惑之年被骗 200 万元饭碗不保。一连串的打击让中年的任正非前途一片迷茫。任正非自己也说“处处都处在人生的逆境”，“我是在生活所迫，人生路窄的时候，创立华为的”。在退无可退的情况下，任正非于 1987 年以 2.4 万元资本注册了华为公司，彼时他已 43 岁。

2000 年年底，华为公司的销售额达到 220 亿元，以高达 29 亿元的利润被行业捧为中国电子百强企业的第一名。在这个本该让人振奋的时间节点，任正非发表了一篇题为《华为的冬天》的文章，轰动当时的中国企业界。他在文章中写道：“十年来我天天思考的都是失败，对成功视而不见，也没有什么荣誉感、自豪感，而是危机感……”

2022年，任正非再次发表言论，“把活下来作为最主要纲领，边缘业务全线收缩和关闭，把寒气传递给每个人……”，又引起巨大震动，甚至成为当时的流行语冲上热搜。正是在任正非这种忧患思想的指导下，华为公司早在美国对自己施加制裁的很多年前，就开始自主研发终端操作系统与高端芯片。

2015年，华为公司的一支优秀广告作品在全球引发热议：一双舞者的脚，一只伤痕累累，另一只则包裹在华美的芭蕾舞鞋中，并配有一句广告语：“我们的人生，痛，并快乐着”。

据说当任正非第一次看到这张照片时，就不禁惊呼：这不就是华为公司吗？这则广告，是华为公司的精神写照，也是任正非本人经历的一个缩影。

2020年华为公司手机发布会展示了一张由Mate40新品手机拍摄的照片：一棵生长在戈壁沙漠上的胡杨。胡杨根系发达，一千年不死，死后一千年不倒，倒下一千年不朽，这种坚忍不拔正是华为公司精神的象征。Mate系列甚至为此推出了两款“胡杨”新配色。

从芭蕾脚到胡杨，从艰难创业到直面制裁，任正非一次次将与苦难共舞的精神，写进了华为公司的文化基因中。华为公司的原力，正来自任正非身上鲜明的理想主义气质，浓烈的、奋斗不屈的精神，总能极大地唤醒人心，鼓舞斗志。

由此可见，不同的创始人基因折射出不同的品牌理念，可以赋能不同的企业方向与战略定位。从企业文化、组织架构、产品服务，再到未来发展方向，创始人基因是原力独一无二的属性。

2. 企业战略

战略是企业经营的重心。企业的成功与基业长青，首先是战略的成功。如果从原力的角度看待企业战略的制定过程，就是遵循原力，并以原力为基准来发展的路径。

借用《战争论》中的定义，战略是“为了达到战争目的而对战斗的运用”。企业根据环境变化，依据自身资源和实力选择适合的经营领域和产品，形成自己的核心竞争力，并通过差异化在竞争中最终取胜。

企业战略，虽然是企业整体性的规划，但其本质却是选择与取舍。企业战略有很多种形式，包括竞争战略、发展战略、品牌战略、营销战略、融资战略、技术开发战略、人才开发战略、资源开发战略等，但它们的基本属性是相同的，都是对企业整体性、长期性、基本性问题的计谋，而且需要瞄准一个点突破。

知名民族品牌波司登“王者归来”，就是战略创新的成功案例。

波司登羽绒服于 1976 年创立于江苏省常熟市，在企业发展 40 余年时，波司登面临品牌力下滑的情况。2017 年左右，消费升级的趋势导致行业格局变动，波司登对外面临国际品牌与明星效应的冲击，对内有四季服装品牌抢占高端大众市场，可以说是“腹背受敌”，年营收不足 70 亿元，与主流消费人群渐行渐远。

波司登虽然曾经开创行业先风，在产品、研发上具备一定优势，但在消费者的心智层面，它却始终未能找到一个相对于竞争对手的差异化价值点。它曾经尝试多元化战略，在非核心业务领域进行扩张，却又进一步导致资源分散，造成用户认知的混乱，最终却弱化了主业——“羽绒服”的品牌基础。

经过品牌梳理后发现，波司登专注羽绒服行业多年，早已是行业的领军者，20 世纪 90 年代初，已成为羽绒服品类的代名词，产品出口 72 个国家，全球累计销售超过 2 亿件。在市场与消费者认知中，波司登与羽绒服早已形成强关联。一提到波司登就会想到羽绒服，如同“可乐”之于“可口可乐”、“风衣”之于“博柏利”，这是企业天然的竞争基础。

从市场体量上看，羽绒服市场有千亿元规模，然而其市场集中度并不高，即使波司登这样高知名度品牌的市场占有率也不过 10%，如果波司登能聚焦主业、集中资源，反而有更大成长空间。此外，从竞争格局上看，虽然很多知名品牌都涉足了这一领域，比如，阿玛尼、耐克、海澜之家等，但它们的核心优势并不在羽绒服领域，也不会围绕这一领域进行有针对性的传播。

于是，波司登重新升级企业战略，找到了“全球热销的羽绒服专家”这个原力点。同时，将所有资源聚焦这一领域，巩固这一原力点，让竞争对手很难动摇波司登的根基。产品力上，升级工艺、定价等，同时整合全球资源，推出风衣羽绒服，植入北斗定位系统，助力中国登山队登顶珠峰等。渠道上，进行结构性布局，提升渠道质量，同时加速数字化运营，简化购买流程。此外，更通过纽约时装周走秀，发布国际设计师联名款等活动，放大“波司登等于羽绒服专家”的认知。

就这样，通过发掘原力，放大原力，波司登确立了“全球热销的羽绒服专家”的战略定位，强化“波司登专注羽绒服 42 年，畅销全球 72 国”的专业形象，重新赢得主流消费群体的青睐。那个曾经称霸羽绒服行业的波司登又回来了。

没有哪个竞争优势是永恒的。竞争对手跟随、复制的速度，决定了一个竞争优势能够持续多久。遵循原力的企业战略，让竞争对手难以复制，或因模仿成本太高而无法跟进。就算竞争对手试图跟随、复制，原力也能让企业的竞争优势持续得更为长久。

3. 品牌势能

不知势，难成事。要做成一件事情，本质不在于你有多强，而在于你能否顺势而为。“在万仞之上，推千钧之石”，当一块石头已经在万仞之上，形成了很高的势能，只要轻轻地推一下，就会形成崩天的效应。

品牌也一样。品牌在创建之初所形成的势能，可以转化为品牌的原力。足够的品牌势能，可以帮助新品牌实现蓄力起爆，在解决用户痛点的同时还能快速占领用户心智，保持连续的热度。

品牌势能，源于物理名词“势能”，原义是储存于一个系统内部的能量，也可以释放或者转化为其他形式的能量。品牌势能，代表着一个品牌受客户青睐的程度，通常可以反映在百度指数、微博指数、微信指数等互联网大数据中。

不管是产品、企业还是个人（企业家），如果能够在公众或某个小众圈子中，形成相同或相似的认知与共识，那么它们（不论是否出于主观意愿），就都具有了“品牌属性”。如果这个认知与共识非常积极并强烈，某种意义上，这个品牌就具有了比较强的势能。

企业与产品品牌的品牌势能，是产品的市场占有率，对消费者而言的知名度与美誉度，以及与产品品类的关联度。而个人的品牌势能，通常具有清晰鲜明的人格标签，是大众层面的关注度，以及在个人所处的社交圈层中的口碑。

与势能对应的，是动能。在企业内部，销售部门是动能部门，市场与品牌部门是势能部门。动能的蓄积可以带来势能的提升，但速度较慢；而势能的提升，可以加速企业的发展，帮助企业吸引更多优质的资源。用流量管理的专业术语来说，拥有势能，相当于在“公域”中吸引流量，从而可以让自身的“私域”流量快速累积。

品牌势能高的企业，在第二次创业、品牌延伸或新品发布时更容易获得关注和支持，其背后的原因，就是品牌势能的转移。

茅台集团推出外形类似茅台酒瓶的茅台冰淇淋，3 个月卖了 230 万份，销售额达 1.4 亿元。在冰激凌中添加 53 度飞天茅台，定价 66 元，这样消费者排队还买不到，个中缘由，除了营销方式的年轻化，更重要的，就是因为茅台拥有自己的品牌势能。

并不是每个年轻人都有条件经常喝茅台酒，但茅台冰激凌的出现，降低了他们接触茅台的门槛。茅台利用自身奢侈品的品牌势能，转移到冰激凌这个赛道，找到了新的利润增长点。

阿里巴巴孵化的闲鱼 App 平台，是另外一个典型的高势能品牌向新品牌转移的成功案例。闲鱼 App，是阿里巴巴旗下的一个闲置物品交易与拍卖社区，诞生于 2014 年 6 月，两年不到的时间用户量达到亿级。据该企业透露，2015 年闲鱼上的拍卖成交总额已经超过苏富比与佳士得的成交额总和。

闲鱼 App 虽然没有做大量的营销推广，但阿里的技术、物流、支付等基础设施给了它很高的势能起点。阿里巴巴是国内头部电商平台，支付宝是全球领先的独立第三方支付平台，这些都是闲鱼 App 最好、最大的信用背书，让它不需要像其他初创公司那样投入大量广告。

同时，闲鱼 App 在二手物品领域还有一项核心竞争力就是“芝麻信用”。类似闲鱼 App 的综合类 C2C（个人对个人）闲置二手物品交易的商业模式中，用户最大的痛点就是担心受骗上当，而闲鱼 App 用支付宝担保交易，加上可以查看对方芝麻信用，极大地提高了用户的信任感，快速积累了用户。

阿里、淘宝、支付宝都是高势能品牌，当它们互相协力，推出闲鱼这样的子品牌时，其所叠加的品牌势能，也就提高了闲鱼 App 的品牌原力。消费者也会因为对品牌势能的认可，更易于接受它。

可以想象，如果大众没有对阿里的认知，缺乏对支付宝、淘宝等大品牌的信任，还会毫不犹豫地把物品放到闲鱼 App 上来交易吗？我想基本是不行的。

4. 竞争态势

竞争，是商业世界永恒的主旋律。在制定品牌的市场意图与营销策略时，企业需要识别主要竞争对手，并对其优劣势进行评估，从而规避竞争红海，在蓝海中找准创新点，另辟蹊径。

同样，对原力的探索也是如此。在发掘品牌原力的过程中，如果一时没有找到清晰的原力点，不妨从行业市场的竞争态势进行评估，从对标品牌的产品入手。

就拿咖啡行业来讲，在瑞幸出现之前，说起咖啡门店，大家第一个想到的肯定是星巴克，而如今，有更多的新势力品牌瓜分了星巴克的市场。瑞幸，就是对标星巴克，从竞争态势中发掘出品牌原力，利用快速崛起的时间窗口和机会，成为消费者的新选择。

当星巴克以“专业、精致的咖啡文化”为品牌核心资产，瑞幸并不是把咖啡推崇为一种高高在上的文化符号，而是让它成为办公桌上再寻常不过的饮品。

瑞幸品牌的原力，就是“打破咖啡消费的场景壁垒”——喝咖啡不一定非要在精致的、高大上的场所。瑞幸，让咖啡产品变得高度可复制化，它通过自动咖啡机生产咖啡，然后再通过互联网补贴，以比传统咖啡便宜一半的价格体验，迅速获得很多新用户。为了让更多的人喝咖啡，瑞幸还玩起了“咖啡奶茶化”，用“咖啡 + 万物”的方式，推出“生椰系列”等出圈爆品。

与星巴克“第三空间”的重资产模式不同，瑞幸采取的是轻资产的路线，主打外卖送货和门店自提，大大减少了地租和人工的开支。瑞幸并不宣传自己的口味比星巴克好多少，而是以自提和外带的形式，为咖啡市场提供一种平价、高质且便利的选择。

截至 2022 年 1 月，星巴克总门店数为 5557 家，而瑞幸咖啡早在 2021 年第三季度门店就超过了 5671 家。寻常品牌几十年的缓慢进阶路径，瑞幸咖啡在短短几年的时间内飞速走完。

看准咖啡市场的竞争态势，找到自身的竞争优势，瑞幸从核心竞争力中发掘出品牌原力，缔造了“中国第一大连锁咖啡品牌”的商业奇迹。

5. 集体潜意识

集体潜意识，是品牌原力的重要来源。现实生活中，如果某个形象你只看一眼就能记住甚至模仿它，很大可能是因为这个形象与隐藏在人类大脑深处的集体潜意识契合，这就是蕴藏在人类文化中的“原力”。

哈佛大学商学院教授杰拉尔德·英尔特曼在《客户如何思考》一书中提到，“我们95%的购买决策都是在潜意识中进行”。人的意识很像一座冰山，大部分在水下，只有小部分在水上，水面之上是我们能够感知到的显意识，水面之下是个人潜意识，而在水下最深处绵延无尽的海床，就是集体潜意识。

集体潜意识，就是藏在人们心灵深处的“洪荒之力”，通常我们意识不到，也观察不到。它是包括了全人类共同的生存经验，是世世代代遗传保留下来形成的各种本能行为和思维定势。

在城市交通指示系统中，马路人行道的白色线条，被称为“斑马线”，就是借用了斑马对于人类是安全的原始意象。

数百年前的非洲部落，十分崇拜斑马，认为斑马身上的黑白条纹能让它们与自然环境融为一体，隐藏自己，迷惑天敌，是一种带来安全感的保护色。此外，代表危险的警示标志，通常用黑色与黄色的组合，这是因为在人类潜意识中，这两种颜色代表着令人类感到恐惧的“蜂”和“老虎”，它们身上的两种颜色是黑色和黄色。

我们可以看到，品牌的原力越接近集体潜意识，就越不受时代喧嚣的干扰，越不受地域、文化、经济的差异化影响，越有可能让品牌强大持久。

为什么李小龙的功夫片能风靡全球？因为功夫作为搏斗的一种，直接贴近人类的本能反应。自然界里的动物用决斗来解决问题，而从灵长类动物进化来的人，依然存有这些原始的记忆。李小龙借助精心设计的符号系统，比如黄色服装、双节棍道具，夸张的叫声与动作，将个人特色发挥到了极致，也快速唤醒人们的潜意识，引发所有人的关注，突破国界与语言的限制。

为什么奥特曼的形象如此受儿童欢迎，且多年经久不衰？因为它再现了远古时候原始人与野兽搏斗的场面，甚至可以作为所有生物为生存而奋斗的本能呈现。“奥特曼打怪兽”的场景，其实是利用了刻在人类集体潜意识中的经验，使得孩子们被它吸引。

有研究表明，人们对自己熟悉的事物，在潜意识中总是会更感到亲切。例如，用常见的动植物形象做标识或者作为品牌名字，会更容易被大众记忆和传播，比如：企鹅（QQ）、猫（天猫）、狗（京东）、袋鼠（美团）等。

人们最熟悉的元素，还是自己的同类——人，很多成功品牌都是以人像作为标识：肯德基的山德士上校、老干妈的陶华碧等。甚至用人类的祖先猿猴来设计形象也有同等效应，比如，采用猿猴头像的日本服装潮牌—— BAPE（猿）、Paul Frank（大嘴猴）等，它们的品牌形象，都能让消费者形成一种与人类始祖产生精神链接的力量。这些都是人性潜意识的投射，让人下意识地产生熟悉的感觉。

集体潜意识带来的原力，来源于人类的集体想象、共同经验和共同知识，它不受个人意识所控制，能产生比个体大得多的影响力。品牌的创建者，如果能借助直觉与天赋，将这些原力从人们无意识的深海中发掘出来，经过转化，使之能被大众所理解和接受，将可以为品牌的营销创意打开一个极大的空间。

6. 人性洞察

原力的发掘，同样来自对人性的深刻洞察。

消费者的观念在变，审美在变，消费力在变，而不断升级、演变的各种营销技术与手段，更是让人眼花缭乱。但在这些纷繁复杂、千变万化的表象之下，又有相通之处，那就是人性。

观察人性，以及理解人性的恒定性，是做好营销的不二法门。世界上大多数的营销，其实都是在围绕人性的弱点与欲望做工作。比如，针对人类的担忧：怕老、怕丑、怕穷、怕孤独、怕跟不上潮流等；针对人类的欲望：希望自己变得健康、富有、有尊严等。商家的营销话术，通过不断“戳中”这些痛点，吸引人们的注意，并进而促成消费。

不论种族和肤色，人类最基本的需求动机都是一致的：爱、性、贪婪、饥饿、安全感等，这些都是品牌营销的发力点。“没有中间商赚差价”对应的是贪心；“怕上火，喝王老吉”对应的是恐惧；“不在乎天长地久，只在乎曾经拥有”对应的是浪漫与爱。

要想发掘原力，那些古老的谚语也可以提供一些关于人性的真理："三人行必有我师""一日为师，终身为父""养儿方知父母恩""你敬我一尺，我敬你一丈""大智若愚""真人不露相""智者千虑，必有一失""人各有志""天下没有免费的午餐"等等。

当我们将产品的物质利益点及品牌的情感利益点，与这些人性痛点连接起来，就能将它们转化成品牌原力，影响消费者的看法。

因为"6万人砍一部手机"上了热搜的拼多多，吃透了人性中爱好游戏与逐利的特征，它的特点就是电商游戏化，整个购物流程设计充分模拟游戏机制。让上拼多多购物，变得更像是在打网络游戏。

在拉新方面，拼多多经常用"天降红包、天降好礼"刺激用户注册和邀请，将任务的进度条定格在99%，以引发人的"损失厌恶"。在留存方面，拼多多通过多多果园、多多鱼塘、多多牧场等节奏轻快的小游戏，搭配玩法奖励，不断巩固用户的使用时长，环环相扣，让用户"根本停不下来"。

面向"95后""00后"的潮玩品牌泡泡玛特，靠卖盲盒起家，市值一度超过千亿元。它的核心创新点就是打造"让人上瘾的营销机制"，利用人性的猎奇心理，以盲盒玩法制造惊喜与新鲜感。当你选择了一个盲盒，没打开之前会觉得充满神秘感，满怀期待；打开盒子后，如果不是你想要的，你会感到遗憾、不甘，想再试一次；如果是你想要的，你就会觉得自己很幸运，促使你还想再试一次。就这样，反复尝试，直到你买齐所有的商品。盲盒消费所催生出的二手交易体系及数十倍的升值空间，更让它成了“会上瘾”的商品，一度在年轻群体中大火。

所有的营销手段，最终还是需要与人心对话。直击要害的品牌原力，一定是满足或表达了真实的人性。

7. 社会共鸣

品牌原力隐藏在品牌基因之中，当我们将其提取出来，通过精神纽带，让它与社会产生链接，引起社会层面的共鸣时，便能体现其巨大的力量。

品牌共通论认为，品牌就是品牌主想传达给消费者的理念与信息的总和。这些信息，需要与消费者的理解和接收能力相匹配，最终产生交汇、共通，才能真正被理解为品牌。简言之，品牌方所传达的，与消费者感知的，交汇处越多，信息就越对称，品牌的可持续性与资产就越容易积累,变得更加丰富。共通的一大前提，就是共鸣共振。

物理学上的共鸣是指物体因共振而发声的现象。品牌引起的社会共鸣效应，就是品牌的形象或内容中所隐含的情感元素，与消费者内心的情感达成呼应和共振。要找准消费者的情绪共鸣点，需要研究其成长环境、成长经历、文化程度等。若能洞察出能够引发共鸣的“常识”，就能在第一时间引发消费者的共识。

按照人性意识的层次，品牌引发的社会共鸣也拥有不同的层次。

环境层面的共鸣，主要是根据时事和时政热点，迅速引起人们的情绪波动。比如：视频分享平台 B 站最出圈的“后浪三部曲”，就是结合了青年节的热点与新一代青年人所关心的热门议题。中国银联打造的“中国人民很行”的刷屏案例，离不开献礼国庆70周年的社会情绪背景。鸿星尔克直播间爆火，被网友“野性消费”，是因为企业在水灾突发期间捐赠5000万元物资，引发了国民的情感认同。

内心深层的共鸣，能够帮助消费者完善自我，有效沉淀持续的品牌价值。以内衣品牌“内外”为例，其十年的成长历程，也是中国女性自我觉醒的十年。它的品牌原力表达，是对容貌焦虑的反抗，对社会定义的“美”的反抗。“NO BODY IS NOBODY”（没有一种身材是微不足道的）的品牌宣言对社会传统审美发出新倡导，引发行业内外的点赞。

几乎所有成功的品牌，都能引发与社会大众的情绪共鸣。品牌的社会共鸣效应，是构建品牌原力的必备钥匙。

8. 神话图腾

神话图腾，代表着一种社会共识与强大的文化原力，它是大多数人都能够识别和认同的故事与符号。

神话，就是流传已久的故事与传说；图腾，是人们本来就记得、熟悉、喜欢的文化符号。它们来自人类最原始的崇拜，积聚了数万年的能量，象征隐藏在人类大脑深处的集体记忆。如果能将神话中蕴含的能量与品牌相关联，就能够引爆消费者的认知系统，占领其心智。

美国神话学大师约瑟夫·坎贝尔的《千面英雄》被《时代周刊》评为“20世纪最重要的100本书”之一，其影响力覆盖大众与精英文化的多个领域。这本书提出一个惊人观点，就是风靡各国的神话故事其实拥有同一个“套路”——英雄之旅。英雄，就是那些能够了解并接受挑战，进而克服挑战的人。无论人们的背景与能力有多么不同，想要成为英雄的旅程都是相似的，都要经过“启程—启蒙—回归”的历程。他们需要离开安定的日常生活，远行、深入、成长、蜕变，并在这个过程中得到启发，最后回归原来的世界，开创新的人生。

“英雄之旅”的模式，深植于古今中外的神话中。它被称为全世界最受欢迎的文化原型与故事模板，是因为它所涉及的其实是人生的基本问题，如：我是谁？我从哪里来？什么是善？什么是恶？这些问题殊途同归，来自人心深处共通的意识，因此也更容易打动人心。

在品牌的塑造过程中，如果能成功地植入神话故事的原型，就能让消费者产生更大的价值认同与文化认同。神话图腾能让品牌超越普通的实用价值，升华成为梦想与传奇的化身。

许多国际奢侈大牌，都是借力神话的高手。翻开奢侈品牌名录，简直就像打开希腊神话的史诗。如爱马仕（HERMES）的品牌名就直接运用了希腊奥林匹斯十二主神之一——赫耳墨斯的名字。范思哲（VERSACE）的标识，是双眼充满致命吸引力的美杜莎。玛莎拉蒂（Maserati）经典的“三叉戟”造型，则来源于海神波塞冬。

我曾担任世界领先的纸业品牌“UPM 芬欧汇川”的品牌顾问，为该品牌旗下的复印纸产品策划中文名字，在策划过程中，我与团队搜索了大量北欧神话中众神的名字，以及北欧地区的森林、山脉、河流的名字，并进行了中文的优化，建议客户将它们全部注册下来。这个动作的目的就是，希望品牌能够抢占这些现成的“北欧元素”，并借助这些元素帮 UPM 纸品牌在用户心中建立起“来自北欧的进口高品质复印纸”的形象。

再看国内品牌，近年来都扎堆玩起了传统文化 IP（知识产权）。比如前文提到的运动品牌李宁，在敦煌雅丹魔鬼城丝绸之路开发布会，发布了与敦煌博物馆合作的国潮新品。华为公司研发的许多产品，都取名自《山海经》，比如操作系统“鸿蒙”、手机芯片“麒麟”、服务器芯片“鲲鹏”，为科技产品增添了大国气魄的瑰丽想象。

从爆火的《姜子牙》《哪吒之魔童降世》等国漫 IP，冬奥会上让国民惊艳的“二十四节气”倒计时，到以糖葫芦为原型的“冰墩墩”和以大红灯笼为原型的“雪容融”冬奥会吉祥物，我们从不缺少传说故事与文化元素，难的是运用更加创新、更有时代感的语言，去表达中国特色的原力。

9. 亚文化

品牌原力的创新，经常来自被主流社会所忽视的亚文化。亚文化，通常指在某些方面与社会主流文化的价值体系有所不同的群体文化。

《文化战略》一书的作者霍尔特建议，真正的文化密码要到亚文化中去找。“曾经的主流品牌无法与消费者共鸣，而创新的品牌因为正确的文化表述开始起飞。”

社会观念冲突的机遇，往往潜藏在与主流文化对立的亚文化中。我们要看到占据社会优势地位的文化正统，避开这些主流价值观的束缚——因为这往往是竞争对手常用的宣传方式，从而发现真正具有创新意义的意识形态机遇。

亚文化会催生特殊的生活方式、话语体系，以与众不同的“黑话”“小众梗”“服饰”“活动”等组成一个个小圈子。像快闪、街头涂鸦、行为艺术等亚文化，往往通过个性化、颠覆性等特点，为具有独立精神的人群呈现偏离主流文化的表达出口。

全球百年经典机车品牌哈雷·戴维森（Harley-Davidson），让“机车亚文化”风靡全球。对哈雷迷来说，拥有属于自己的哈雷摩托车仅仅是一个开始，一套专属的哈雷服装，一个定制的改车方案，甚至一身带有品牌商标的刺青，都成为展示自我的仪式。这种肆无忌惮的野性释放，正与哈雷的品牌原力一致，即崇尚自由、独立的骑士精神。

前卫服饰品牌西太后（Vivienne Westwood），由英国朋克教母薇薇安·韦斯特伍德创立。它以反传统的粗暴方式冲击主流时装美学，设计理念以稀奇古怪、离经叛道著称。它将皇冠、星球及骷髅结合在一起，以高彩度的色泽出现在胸针、手链、钱包与项链上。其另类风格，与英国惯有的、一板一眼的皇室形象形成强烈对比，又成为年轻一代新的时髦。

当下，移动互联网、社交新媒体的传播特性，为亚文化提供了良好的孵化土壤。前两年的视频综艺节目《中国有嘻哈》，很好地示范了品牌和亚文化的结合，让来自地下的文化力量，在大众媒体平台成了主流。

自《中国有嘻哈》爆红之后，街舞、灌篮、电音等一众亚文化圈子都成了综艺制作者们的取材来源。更不用说电竞、Cosplay（扮装）、汉服等各种领域，都有不同年轻人“入坑”，每个“坑”都是至少千亿元的市场。

综上所述，创始人基因、企业战略、品牌势能、竞争态势、集体潜意识、人性洞察、社会共鸣、神话图腾、亚文化，这九大原力点，构成了品牌原力的黄金螺旋组合。针对不同品牌的属性与行业特征，九大原力的占比不尽相同，对品牌产生的影响也不相同，企业需要根据自身品牌决定侧重，沉淀独一无二的品牌能量。

案例精读：成功者的原力觉醒之旅

1. 苹果：转折中涅槃重生

缺失原力的品牌，如同没有色彩的风景，没有灵魂的机器，无法吸引人们的视线，左右人们的情感。伟大的品牌，能使消费者在品牌原力的感召下集结起来，对品牌的价值观形成认同感和归属感。苹果公司 40 多年来缔造的商业奇迹，本质上就是一次品牌原力的觉醒之旅。

2022 年年初，苹果成为世界首家市值 3 万亿美元的公司，相当于全球第五大经济体。大家所看见的是苹果公司惊人的成就，殊不知苹果公司也历经了跌宕起落，正是品牌的原力支撑它度过那些至暗时刻，从此所向披靡。

1984 年 1 月 22 日，在号称美国“超级碗”的橄榄球大赛上，苹果公司历史上最经典的广告《1984》问世。这则广告由乔布斯一手策划，表达了苹果公司的哲学和目标——“即让人民而非政府或大公司掌握操纵技术，让计算机变得普通人可及而非控制人的生活”。广告不仅成功推广了 Macintosh 系列产品，更奠定了苹果公司在计算机界的历史地位。

1985 年，乔布斯被排挤出他一手创办的苹果公司。而苹果公司，也开始了长达十多年的低谷期。在乔布斯重掌苹果前夕，公司的市场占有率已不足 5%，几近破产边缘。

1997 年，乔布斯重返苹果公司。回归之后，乔布斯的第一项行动就是发起了《Think Different》（非同凡想）的广告战役，重塑苹果的品牌形象。这则同样由乔布斯主导的广告，将苹果品牌与爱因斯坦、毕加索、爱迪生等划时代的伟人联系在一起，成功地将苹果公司塑造成勇于创新的叛逆者、改变世界的变革者。这一役，是苹果公司发展史上的重要转折点，自此开启封神之路。

纵观苹果公司这段颇具传奇的历程，我们看到的是乔布斯作为企业掌舵者，敏锐地抓住了“创新变革”这一品牌原力。经过《1984》和《Think Different》两次重要战役，苹果公司转守为攻，品牌形象变得深入人心，在全球收获无数忠诚用户。

“Think Different”的口号在 21 世纪初便不再使用，但其“非同凡想”的原力却驱使苹果公司不断推出更时尚、更特立独行的新产品。此后 iPod、iPhone、iPad 等革命性产品的面世与推广，皆以此为纲。

2. 中国李宁：新国潮赢回市场

2022 年 10 月，中国品牌李宁，因为发布了“疑似日本军服”

的棉服新品，被送上了舆论的风口浪尖，遭到全网指责。李宁苦苦累积多年的“国潮”“爱国”的口碑大受影响，股价应声大跌。事件再次证明，品牌如果违背了自我的原力，忽视市场地域和民族情绪的因素，就会失去赖以生存的基础。

李宁公司，是“体操王子”李宁在1990年创立的体育用品公司。创业初始，年轻的李宁和他的伙伴们坚信：“中国人创造了优异的运动成绩，为什么不能创造优秀的运动品牌？”这一时期，李宁公司的广告语是“中国新一代的希望”。或许连李宁本人也不曾想见，多年后李宁公司苦苦找寻的品牌制胜密码，早就藏在了起点处。

1990年8月，“李宁牌”成为亚运火炬传递指定服饰，伴随圣火传遍全国。那届亚运会中，中国国家代表队以及中外记者全部穿着李宁牌的运动服。这也是中国运动员第一次穿着本国品牌登上领奖台，充分显示了国家级品牌的自信。

品牌发展前20年，李宁公司在大型体育赛事上不断发光发热，2010年市场占有率达到空前的9.7%。创立20周年之际，李宁公司想为品牌带来一次大转型，战略转向“‘90后’李宁”品牌路线，意图征服1990年以后出生的一、二线城市的年轻人，打出了“‘90后’李宁”的全新品牌定位，并推出宣言式的口号“你不懂‘90后’”。

谁承想，“90后”消费者却并不喜欢被贴上“90后”的标签（代表着我行我素），对李宁公司的恭维完全不买账。结果，“‘90后’李宁”非但没有打动“90后”，还失去了当时的主流消费者群体（“70后”和“80后”）。这次品牌战略的失败，将李宁公司拉进泥潭，2012 年亏损 20 亿元，痛失中国第一体育品牌的位置。

不少人将这次“滑铁卢”归咎于李宁公司产品质量与设计的乏力。实际上，对品牌原力的背离，才是李宁公司折戟的关键因素。随着李宁的回归，李宁公司经历了漫长的触底反弹，2016 年出现盈利。

2017 年，适逢国潮流行，在民族自信的文化大背景下，看准这一趋势的李宁公司，果断孵化了“中国李宁”，大大方方地贴上了中国标签。其品牌意义在于让李宁公司完成形象重塑，赢回“70 后”“80 后”，引领“90 后”“00 后”。

2018 年，中国李宁进军纽约时装周，设计了以“悟道”为主题的大型发布会秀场。纽约大秀落幕当天，“李宁”的微信指数暴涨 700%，同年，“中国李宁”系列服装销量超过 550 万件。李宁公司在品牌形象、话题、销售上获得了巨大成功。

自此，“中国李宁”系列产品终于掀起新一轮“国潮”。它的品牌基因中鲜明的“中国”和“体育冠军”气质，与国潮风相得益彰。这样独一无二的品牌势能，正是本土的安踏、特步，国外的耐克、阿迪达斯都不具备的。

更重要的是，李宁公司在产品设计上开始发力，让国潮引领者的称号实至名归。时装周之后，“悟道”等秀场同款产品在国内大卖，迅速断货。“中国李宁”的定价向国际品牌看齐，不仅持续带来丰厚利润，更实现了李宁公司多年以来所追求的品牌溢价能力。

从“李宁”到“中国李宁”，从老一代人看着中国代表队身着“李宁”登上领奖台，到“90 后”“00 后”们看到“中国李宁”走上国际时装周，中间跨越了近30年时间。李宁公司再一次走上巅峰，正是坚守了品牌的原力，完成了自我价值的回归，完成了激荡沉淀后的形象重塑。

3. 阿迪达斯：没有什么不可能

唤醒原力，不只是做品牌的第一步，更是在企业发展过程中扭转命运的关键一步。当你想到运动品牌阿迪达斯，可能会立刻想到它那句著名的口号——没有不可能（Impossible is nothing）。“没有不可能”就是阿迪达斯的强大品牌原力，是其数十年不断积累和完善的结晶。

与许多成功的品牌一样，阿迪达斯的起点并不高。公司初创时，还只是一个作坊式的小企业。其扬名于世，始于1936年在其本土德国柏林举行的奥运会。在那届奥运会上，穿阿迪达斯运动鞋的选手共获得72枚金牌，使得阿迪达斯品牌知名度得到大幅度提升。

1978年，品牌创始人阿迪・达斯勒去世后，阿迪达斯失去了技术创新的主要动力和具有品牌远见的管理者。当时，20世纪70年代正处于体育用品消费市场发生剧烈变化的时期，平民体育运动已经成为一种潮流。但阿迪达斯受限于“不向陌生领域投资”的局限，没有在当时做出品牌策略上的相应转变，还是专注于专业运动鞋。这使得年轻人认为阿迪达斯非常保守，虽然好用，但不时髦，最终被耐克夺走了行业领导者的宝座。虽然阿迪达斯一直在坚持与重大体育赛事的合作，但在耐克的压力下，阿迪达斯直到2000年左右都一直处于战略防御的状态。

2000 年，阿迪达斯推出其全球品牌战役的主题口号："Impossible is nothing"（没有不可能），成功制造新的流行话题。

这句口号的诞生，终于让阿迪达斯的品牌原力变得清晰可辨。"没有不可能"，跟耐克的专业运动装备的定位、"Just do it"（放胆做）的口号形成显著区别。对普通运动者而言，他们感受到阿迪达斯的激励——"没有不可能"的运动精神，不只在赛场上，无论你在家中、办公室还是菜市场，都可以突破自我，随时运动，打破极限。阿迪达斯以拳王阿里的明星效应为触发点，利用"Impossible is nothing"所代表的全球运动者的共识，将运动变成了一种潮流。

此次品牌战役之后，据报告显示，阿迪达斯在美国的销售额比上年同期增长了 11%。同时在这一品牌原力的加持下，它的广告也开启了各种创新。

"Impossible is nothing"主题，连续在 2004 年和 2008 年两届奥运会上发布。此后，阿迪达斯更相继推出 2011 年的"Adidas is all in"（全倾全力），2015 年的"I'm here to create"（由我创造），2016 年的"FIND FOCUS"（我是专注），以及 2019 年品牌 70 周年主题"创造前所未见"……每一次行动，阿迪达斯都是在向大众证明"没有不可能"的品牌原力，正在不断积蓄强大的创意能量。

第三章

爆品：打造顶级流量收割机

品牌爆品，颠覆传统产品的定义，集价值、颜值、人气值为一体，让产品卖得贵、卖得久。

爆品是什么？

1. 爆品，品牌原力的结晶

作为品牌战略顾问，我带领团队曾经服务过超上百家企业，助力它们打造全方位的品牌系统，实现品牌势能大幅提高。但在提升品牌力的同时，我发现企业方还存在一个更核心的短板，就是产品力的缺乏，难以应对新一代消费者不断升级的需求，在传统产品销售增速放缓时，不知道如何破局，创造增量。品牌共通论的爆品打造方法，致力于为有同样需求和痛点的企业，提供有实操价值的解决方案。

打造爆品，是品牌共通论“四部曲”中一个重要的环节。爆品一词，源于产品，又不同于产品。爆品是基于对品牌原力与用户需求的发掘，结合市场竞争态势研发打造而成的。它是产品的升级版，是最能够引爆市场、卖得最好的明星款。

在科特勒归纳的经典 4P 理论中，产品 Product，被排在第一位。产品，就是企业提供给目标市场的物品和服务的组合，包括质量、外观、式样、品牌名称、包装、型号尺码、服务、退换货等。

从广义上看，4P 元素都会对品牌的营销产生影响，但产品始终是最重要的一环。产品是“1”，渠道是“0”，没有前面的“1”，后面的“0”再多也无法变现。产品与品质是品牌成功的基石，没有产品，就不可能有好的品牌。

品牌共通论认为，在今天的市场中，产品固然重要，但光有产品是远远不够的。我们已经进入产品严重过剩的时代，大量的同质化商品，根本无法满足消费者的个性化需求。而爆品，集颜值、价值、人气值为一体，是品牌的流量收割机，也是产品研发与价值感塑造的双重成果。

在品牌共通论中，爆品作为品牌原力的凝聚与结晶，代表着品牌的具象物质，可以造福消费者的生活，让消费者真正获得品牌的价值。同时，爆品也为品牌符号开发、营销内容的共创提供了各种可能。它不仅可以满足用户对商品或服务的功能需求，又可以刺激用户的精神需求，成功击中用户痛点，塑造品牌价值与无形资产。

2. 建立爆品思维，突破流量困境

爆品，是互联网时代流量思维的产物。它是互联网、网红文化、成本领先等多种因素的综合体。

为什么要打造爆品？因为有了爆品，品牌更容易成功。爆品，是品牌的口碑与形象传播的支柱。根据“二八定律”，20%

的产品占据着 80% 的自然流量，爆品所创造的极致的用户体验和口碑，会成为企业的最佳广告。

每个企业，都应该建立“爆品思维”来打造自己的产品组合。爆品打造，属于企业的战略级选择，只有爆品才能成为行业品类的代表，让用户直接感知，创造更好的口碑。

传统工业时代，所有产品创新都是“以公司为中心”，成功要素是技术创新、工厂以及渠道，用户在整个价值链里处于非核心位置。传统的品牌策略与营销方法，基本都是砸广告换流量，通过花高价请明星代言、大面积打广告等，慢慢积聚客户。但结果往往是用户不精准，需要通过层层筛选，淘汰无效用户。

而互联网时代的爆品，所有创新都是“以用户为中心”，成功要素不再是工厂、渠道等，而是品牌、流量、独一无二的用户体验。爆品，让用户最终成为品牌的粉丝。

爆品，与爆款不同。爆款是阶段性、季节性的热销产品，能快速积累口碑，但只能实现短时传播。而爆品，是在爆款口碑塑造的基础上，通过策略层面的规划打造而成，它可以转化为品牌信任资产，长期延续企业利润和价值。

爆品，既可以是实物，也可以是内容、服务或平台。

品牌的爆品，是人气超高的单品，就像星巴克的“猫爪杯”、阿迪达斯的“椰子鞋”（Adidas Yeezy）、劳力士手表的“绿水鬼”、小米的“红米手机”、喜茶的“芝士金凤茶王”，都是在口碑时代下应运而生。

通过在顾客心智中确立一个强势的爆品形象，可以极大地提高品牌势能。行业头部品牌所推出的“爆品”，往往可以代表整个品类。康师傅的爆品“红烧牛肉面”来自市场调研，得出国人在方便面的各种口味中，更喜欢选择红烧牛肉味，所以主打红烧牛肉面，一举获得成功。

在内容创作领域，爆品就是人气值最高的作品。例如上热门的短视频、超火的综艺节目等。一条爆品内容，抵得上几十条普通的内容，它们与播出平台相互成就，如果某一期节目爆火，就能快速拉升整个播出平台的人气。另外，像歌手的成名曲与作家的畅销书也属于爆品，出过爆品的作者会比没出过爆品的作者拥有更高的话语权与收入，也让他们后续推出的作品更受关注。

3. 打造爆品的三大步骤

企业在打造品牌之前，要先想清楚自己的商业模式与产品价值。一款爆品的诞生绝不是偶然的，需要叠加多种因素，通过反复打磨，从内而外创造出独一无二、超乎寻常的完美体验，才能赢得用户的好口碑。

如果产品比较普通，或者产品都还没有做到位，就要回到原点，从零开始做产品规划，研究市场竞品与消费者，梳理自己的SKU（最小存货单位）与商品结构，重新升级产品的包装，拍摄新的形象照、提炼新的卖点等。

想让产品更好卖，第一步就要想清楚，你的产品到底比别人好在哪里，核心优势是什么，而不是只强调价格比别人低，产品性价比高。我们要找到产品的核心优势，让它变成购买理由，通过品牌共通论中的符号系统将这个购买理由放大。

那么，打造爆品有没有共通的规律呢？按照品牌共通论的方法，打造爆品，分以下三步：（1）用西格玛叠值通论开发商品；（2）用粉丝思维沉淀用户；（3）用话题思维引爆口碑。

第一步，用西格玛叠值通论开发商品，即应用品牌共通论中的“爆品七值公式”，分别是：产品颜值、产品功能值、销售周期值、价格溢价率值、利润效益值、竞争壁垒值、客群数量值。当一个产品叠加了以上七种价值组合，就能最大限度地确保其推向市场时的爆发力。互联网时代，用户的记忆与认知都非常有限，品牌需要采用聚焦法则，敢于放弃普通产品，锚定一款极致产品，聚焦资源集中推广，在短时间内收获绝对销量的同时，形成强大曝光，这样才能实现目标用户的认知留存。

第二步，用粉丝思维沉淀用户。爆品营销，一开始就要围绕“铁杆客户”做文章。品牌在策划爆品时，不但要审视产品的核心竞争力，还要以互动为导向，深度挖掘目标消费者的痛点与潜在需求。在确保品质和独特卖点的前提下，企业需要全力创造出能让用户乐于追随的氛围，通过社群运营等私域流量方式，与用户进行互动与分享，并通过引流、留存与转化等方式，将用户沉淀为粉丝，产生长期效应。

第三步，用话题思维引爆口碑。做爆品可以一举两得，不只是卖货，更要让它成为企业“行走的广告位”。爆品做得好，广告烧钱少！因此，爆品一定要自带话题性，从命名、包装设计、卖点提炼、功能设计等多方面，一开始就要结合“社交化、可传播”的特质，才能在营销过程的每一步引爆流量。比如“江小白”

酒瓶上贴的走心广告语，就运用了这种话题思维，它不仅满足了年轻人的饮酒需求，还能引发他们的共鸣，为他们提供社交谈资，产生爆炸级的“裂变”效应，从而引爆更大业绩。

总而言之，爆品的特征，不仅可以驱动顾客完成购买，更能将顾客转化为粉丝，让他们从“回头客”变成产品的销售员，参与到裂变传播中来。卖得贵、卖得多、卖得久，这是每个企业的梦想，而爆品恰恰能够助力企业快速达成这个梦想，真正实现企业销量长红，品牌长立，生命长存。

西格玛叠值爆品通论

西格玛是数学常用符号的中文音译，希腊字母写作Σ，表示数学中的求和号，多项复合叠加之意。西格玛叠值爆品通论，就是一种组合叠加、将产品优势进行多维度提升的产品策略，是品牌共通论中打造爆品的落地方法，更是一个与战略深度结合的系统。

借助西格玛叠值公式，企业能够将产品优势的各维度值分条线地拉高，从而打造出真正卖得久、卖得多、卖得贵的爆款产品，实现利润和口碑的双收。

在品牌共通论中，西格玛叠值爆品通论包含：产品颜值、产品功能值、销售周期值、价格溢价率值、利润效益值、竞争壁垒值、客群数量值七大因素。如图 3-1 所示，下文将对它们进行逐一分析。

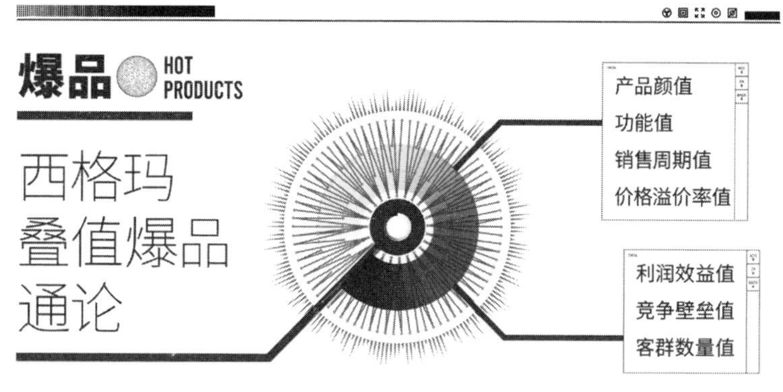

图 3-1　西格玛叠值爆品通论

1. 产品颜值

产品颜值，指的是产品外观的识别度与注目率，它是爆品七大叠值中最显著的价值，包括了产品的外形、色彩，外包装上的图形、字体及文案内容等。一个产品如何能在一堆产品里脱颖而出，如何让消费者一眼就认出来、挑出来？即使这次不买，下次依然还能记住，是每个产品都需要去认真考虑的。要么够美，要么够个性，千万不能“平平淡淡才是真”。

全网热捧的“网红”吹风机品牌——戴森（Dyson），定价是其他品牌同类产品的好几倍，却毫不妨碍大量用户“路转粉”。让戴森成为家用吹风机的天花板的，除了其每分钟高达 11 万转的 V9 数码马达、超强气流快干、智能恒温不伤发的“黑科技”，更在于其超高的颜值。

戴森吹风机的造型设计，时尚而独特。吹风机头部是中空的，侧面看上去就像一个空心的“环”，这使得其后部进风更通畅，气流倍增效果更好，出风量比一般吹风机更大。这不仅是戴森专利气流倍增技术的重要组成部分，更让产品外形具有了更高的辨识度。

戴森吹风机的用色也可圈可点：灰黑色的机身点缀一抹红或金色，入眼的瞬间，就会被它的优雅吸引；紫红色圆环，配上金属铁灰的颜色，有一种科技的冰冷与生活的热烈相碰撞的感觉，给人强烈的视觉冲击，却又不觉得刺眼。科技感十足的金属按键，以及磨砂的轻奢材质，让人一眼就能认出是戴森。

视觉营销时代，产品的颜值是第一生产力。对很多重视技术功能的企业创始人而言，审美上可能存在短板，就要委托专业人士来改善这一部分。

对消费者而言，颜值是他们无法回避的第一观感。提升产品颜值的方法，不单单是要“好看”，还要从以下三个方面去思考评估：

第一，产品颜值能否提升使用体验。牛津大学交叉模态实验室的负责人查尔斯·斯彭斯曾指出，颜色不仅会影响人们对食物的兴趣，还会改变食物的味道。根据消费者的反馈：白色杯子里的咖啡比透明或蓝色杯子里的咖啡苦；七喜包装中的黄色更多时，会感觉汽水的柠檬味更重；甚至，连餐盘的颜色都可能影响人们的食欲和味觉体验，使用印有自己喜欢的卡通图案的盘子，似乎人们的胃口也会变得好起来。

第二，产品颜值能否提供谈资。社交媒体时代，消费者所购买的产品，除了满足使用功能，还需要有“传播价值”。因为，消费者在自己的朋友圈或点评网站上所分享的产品照片或评论，不仅表达了对产品质量的认可，代表其审美与品位，更意味着在

“朋友圈”中发起了某种社交话题。对于很多人来说，拍摄美食发朋友圈所得到的点赞与互动评论，比食物口味本身带来的满足感更多。

其三，产品颜值能否成为独特的识别标签。作为消费力最旺盛的群体，年轻人除了追求美，更追求大胆、独特的个性，这也是“颜值派”的特征。巴黎世家（BALENCIAGA）有款老爹鞋，从外观上看相当土气，笨重的外形、繁复的设计，酷似“爸妈一代”的旅游鞋。但也正是因为其独特的复古感，有“老爹”的气质。反而再次席卷了全球的时尚界，价格更是一路猛涨，更引来其他主流奢侈品牌追随，就连路易威登和古驰（GUCCI）也来模仿。原本是已经淘汰的设计，反而在一时之间成了全球的爆款和时尚单品，这就是个性的魅力。

2. 产品功能值

产品功能值，是指一个产品能提供的、特定的功能，以及最具实用性的价值。产品颜值是外在的吸引，功能值是产品内在的价值。消费者对商品的根本需求点，是商品所能给予的物性利益。

一个产品想要成为爆品，需要先把“爆点”找出来，有了这个爆点，就能很容易打动用户。市场上并不乏这样的例子，很多产品都凭借一个“爆点”功能，构建差异化的价值，引爆了市场。

小米的设计团队曾经从用户痛点出发，将最普通的 T 恤做成了一款超级爆品。男性喜爱运动，容易出汗，经常被“嫌弃”地称作“臭男人”。其实，这个臭味是由于汗水留在衣服上滋生了细菌，才让衣服变得难闻。

于是，小米在T恤里加入了银离子抗菌材料，抑制细菌的产生，即使衣服被汗水打湿，也不容易变臭。就这样一个小小的改良，为“臭男人”们平了反。加上优质的用户体验与口碑，让男性用户深感认同，有的人一下子就买个十件八件的。

由此可见，“爆点”来自对用户痛点的洞察。唯有针对用户痛点，经过创新设计的产品功能，才能真正满足消费者的需要。缺乏痛点洞察的产品，根本无法面对市场上泛滥的同类竞争以及后来者的模仿。

在爆品打造的过程中，以下四条策略，可以用来帮助提高产品功能值：

（1）抢先策略。在竞争对手尚未开发或是同类产品尚未进入市场之前，抢先开发新品并投入市场，为企业赢得先发机会和竞争优势。

（2）紧跟策略。市场上的爆品层出不穷，敏锐发现爆品之后可以紧跟在爆品身后，不失时机加以借鉴，复刻独特卖点，打造近似爆品。

（3）服务策略。产品的功能容易雷同，但服务的体验可以不断创新。在消费者购买与体验产品的整个过程中，企业如果能够优化服务模式，可以创造更大的价值。

（4）挖掘策略。挖掘消费者潜在需求，洞察消费者未被解决的痛点，有针对性地进行产品功能值的设计，能够助力产品实现功能创新。

拿微信红包小应用的例子来说。微信红包小应用的诞生，其实源于腾讯内部员工的一个痛点：过节怎么发红包？腾讯公司总部位于广东深圳，创始人马化腾是潮州人，按照潮州人过年开工发红包的传统，从 1998 年起，马化腾每年发红包基本都会上头条，因为排队领红包的员工从腾讯大厦 39 层一直排到深南大道上。

2013 年 11 月，微信团队在做产品头脑风暴时，有人提出："能不能把公司内部发红包的传统做成一个应用，增加微信支付的用户数?"由此，功能初步成形。

那么它又是如何变成爆品级功能的呢？关键就在于抢红包的"抢"字。微信中原来有一项"随机掷骰子"的功能，在微信群中，多个好友一起掷骰子，是一种简单又刺激的游戏。腾讯的一位产品经理提议，可以把骰子换成红包。于是，微信红包的产品核心功能就变成了——抢红包。因为这个"抢"字，用户一下就有了参与感，也就有了期待值。"抢"红包更有成就感，而且"抢"的金额还可以设成随机的，"抢"得多的洋洋得意，"抢"得少的会心一笑，还勾起了想看看别人"抢"了多少的好奇心。一来二去，微信红包的功能就在用户心中"安营扎寨"。

现在，微信红包小应用已然成为当今最普遍的交易手段之一，每逢春节，微信红包还会有不同的新玩法来刺激用户。在 2021 年和 2022 年春节期间，微信红包联合众多拥有互联网思维的品牌方，推出了定制版微信红包封面，再度冲上全网各大头条。

3. 销售周期值

销售周期，就是一个产品在市场上正常流通的时间，它牵涉产品的“生命周期”，是指产品从准备进入市场，到被淘汰、退出市场的过程。

爆品的销售周期与生命曲线，与普通的产品不同。对于企业来说，爆品“火起来”的速度越快越好，引爆过程越短越好，同时，“火”的时间越长越好，持续得越久越好。真正的爆品，不仅要好卖，而且卖的周期还要长。

追溯到20世纪90年代或更早，产品的生命周期通常是“馒头型”的。顾名思义，就是产品流入市场再到消失的进程比较缓慢，曲线就像馒头的形状一样。一个产品投入市场，升温比较缓慢，人气缓缓地聚拢，后面销量逐渐爬坡，当人气和销量同时到达顶峰时，会持续一段时间，而后再慢慢降温，直到逐渐退出市场。

而现在，产品的生命周期越来越短。通常我们所见的“爆品”，火得快，消退得也快。它的升温曲线是“铅笔型”的——销量升到顶端“铅笔尖”的速度很快，但下滑也很快。

旺旺大礼包在90年代曾经风靡一时，当时只要提起旺旺，旺仔牛奶、小馒头、碎碎冰、雪饼等爆品就会脱口而出。但从2013年起，旺旺的营收收入持续下滑，现在很多人提起旺旺都会摇头表示不再购买或者偶尔会买，而“00后”们更是对旺旺曾经热销的产品嗤之以鼻。这里的关键，就在于其爆品的营收减少，曾经火爆全国的旺旺也因缺乏持续迭代更新的“爆品”而走向衰落。

旺旺的案例提醒我们，再火爆的产品终有一日也会进入迟暮之年。产品不可能长红，但企业有可能长红。企业长红的方法就是不断地更新、快速迭代产品。就像经营餐厅，翻台率越高，餐厅盈利越多。产品的销售周期值也是一样，要让销售的火爆期一波接一波，此起彼伏。

这一点在茶饮与快消品赛道表现得尤为明显。为了不断满足顾客对新品的需求，在奶茶行业，哪怕同一家门店，每年也会迭代多种新口味，从水果茶、爆柠茶、益生菌、杨梅冻，到杨枝甘露、芝士奶盖、阳光玫瑰、油柑青提，没有吃不到，只有想不到，门店变着花样提升人气，吸引消费者尝鲜。

诞生于新加坡的高端茶叶品牌TWG，号称拥有全球最多的产品组合。它把茶叶店开成了奢侈品店，精研茶叶品种开发及创新。它有超过800种单品茶与手工调配茶，来自全球45个原产地，从当地优质茶园直接收割回来，再由手工配制成独特的调配茶。

TWG打破传统束缚，针对年轻消费者，独创各种拼配茶。进店后，只要告诉品茶师今天想要的口味，先选择基础茶包括红茶、白茶、绿茶、黑茶，再选择果香、花香等，就能实现私人定制。它将点茶的过程变得好像调香水，复杂而有个性，另外还给各种茶叶起了有趣的名字，比如初吻之茶、银月等。

TWG将品茶文化融会贯通，不断创造时髦、雅致的品茶风尚，既扩大了消费者的年龄层，又打破了品茶的时节限制，延长了品牌的生命力。

4. 价格溢价率值

溢价是个投资学的概念，是指比原来价格高出来的那部分价格。人们会用溢价率比原先价格高出来的价格百分比，来评估一个投资产品的风险。

在产品营销领域，产品的功能可能相差不多，一旦经过创新设计，产品就拥有了溢价率值。因为创新设计让产品实现了差异化，不仅拥有核心功能值，还有超越功能性的消费价值，包括单纯符号层面上的意义消费、象征消费、价值消费等。

斐耳（FIIL）耳机，是摇滚音乐人汪峰亲自参与创立的品牌，FIIL 是个生造的英文词，谐音“Feel”（感觉），体现品牌对智能化音乐体验的重视。

2015 年，斐耳耳机刚一亮相，就因为汪峰的知名度被大众关注，核心创业团队也相当豪华，集聚了来自华为、宝马的众多高手。在“中国好声音”的节目录制现场，汪峰借某歌手过生日的由头，送出了“全世界首个斐耳耳机”，随后章子怡也转发微博，为汪峰站台，又推了一把斐耳耳机。众多明星的签名与转发加持，引发歌迷排队抢购。这个时候，消费者买的不只是耳机的物理功能，更是追星族群的归属感。

2020 年 8 月，斐耳耳机出货量超过 120 万台，完成近亿元 A+ 轮融资，再次体现了明星 IP 及内容的加持，为企业未来的发展增加了想象空间，形成溢价。

同一类型的产品，超越功能性的附加价值越高，产品的溢价空间就越大，甚至达到供不应求的程度，而这类产品，往往就能够成为爆品孵化的雏形。

再来看 T 恤，成本价十分低廉，非品牌 T 恤的批发价低至 3~10 元，在服装上游市场，T 恤经常论斤称卖。但是，优衣库和街头艺术家“KAWS”的联名款 T 恤，官方售价 99 元，发售首日就在全国售卖一空，最高每件被炒到 1000 元左右，溢价效应极为显著。

究其原因，一方面，优衣库作为一个服装知名品牌，在普通 T 恤的基础上，为这款联名 T 恤增加了品牌溢价；另一方面，KAWS 作为知名艺术家，凭借其独有的艺术基因和名人名牌效应，为这款 T 恤的溢价持续加码，更有金・卡戴珊、周杰伦等国际知名明星为 KAWS 背书，使得这件 T 恤即使不采取限量等“饥饿营销”的手段，也自有大批消费者疯狂抢购。供不应求的结果带来了极高的溢价，也意味着这款商品拥有成为爆品的基因。

5. 利润效益值

爆品的商业逻辑，是要挑选最赚钱的产品，集中优势资源，重点打造。产品利润是企业利润的直接来源，爆品更是利润的主要贡献者。一款爆品的利润，通常能 10 倍于普通产品。利润够高的商品，更有成为爆品的潜质。

爆品本身就是互联网营销时代的关键词。电商平台有个黄金公式：销售额 = 流量（UV）× 客单价 × 转化率。在店铺商品的客单价和转化率固定不变的情况下，所有的工作，就是为了提升店铺的流量，围绕流量展开。

而决定流量多少的，正是店铺中的爆品。如果没有爆品，店铺里的产品也就没有排名和流量，最终导致销售额无法有效增长。很多网店甚至只靠一个爆品就能撑起全店的利润，其他的款式几乎只是丰富店铺货架的装饰品。

2021 年，我在为新餐饮品牌“大鲁说”的策划中，带领团队与企业一起成功共创了一款超级爆品——珍珠藤椒鱼头。这款爆品菜，独辟蹊径，既符合了鱼头市场的原有认知，又卡位品类赛道，烘托大鲁说“鱼头专门店”的定位，引发市场热议。

我们为这道菜，融入了四项创新体验：（1）价值感创新：体现“鱼汤煮鱼头”的原汤价值；（2）工艺创新：“煮”是大鲁说独有的鱼头吃法；（3）嗅觉与味觉创新：藤椒独有的清香，打开味蕾，激发尝鲜欲望；（4）颜值与视觉创新：色香味美，加入特色鱼丸，将鱼身上的宝藏悉数利用。同时，我们还针对创始人大鲁开发了他的个人 IP 与卡通形象“极致美食探索者”，策划了大鲁说的“鱼头哲学”——“熬出来，才对味”。

针对能够产生巨大利润效益的爆品，企业需要加大投资力度，集中一切优势资源，以支持爆品迅速成长壮大，在细分赛道抢占份额，立稳脚跟。从“鱼头”到“珍珠藤椒鱼头”的创新，再到“鱼头哲学”的提升，我们在大鲁说自身优势、产品利润优势与用户认知度之间进行综合考量，提升了爆品的贡献度。

爆品往往是一个阶段或局部的竞争行为，可以面向消费者在短时间内树立品牌形象，并且能够从阶段或局部竞争行为中为企业带来高额利润。合理获取爆品利润，更能够实现爆品开发的不断更新，在企业之间形成产品的良性循环，让品牌利润长红。

持续推出的爆品，可以为品牌创造巨大的利润效益。五芳斋为了赢回年轻人的关注，根据人群特征，定制了“加班狗粽子、夜猫子粽子、中年油腻粽、佛系养生粽”等，还与迪士尼、漫威合作设计主题礼盒，把粽子做成了网红。伊利牛奶除了标品，还推出了金典、伊利舒化奶，牢牢占据牛奶市场不同层次的份额，也提升了伊利品牌整体势能与高价值联想。

6. 竞争壁垒值

爆品的特征之一，是拥有自己独特的“竞争壁垒”，模仿的难度极高。竞争壁垒，是指企业在市场竞争中，基于自身的资源与市场环境约束，针对竞争对手构建的有效“竞争门槛”，以维护自身在市场中的优势地位。具体体现在：品牌或企业有无自己的核心生产要素、专利技术；一旦其他品牌模仿与跟进，所付出的成本等方面。

我们来看食用油行业的案例。近年来，食用油的市场需求不断扩大，随着企业之间的竞争加剧，消费者对各品牌差异的识别越来越模糊，导致食用油品牌的定位也没有什么特别的新意，行业陷入了多牌一面的困境。

金龙鱼也面临同样的困境，经过市场调研，企业明确了品牌打造的首要任务是吸引消费者的关注，形成差异化优势，让竞争品牌无法克隆。于是，在其他品牌都在打“美味”牌的时候，金龙鱼绕开了“口味”这一利益点，改为主打“健康”牌。

为了让市场更加容易理解这一利益点，巩固爆品的价值壁垒，金龙鱼做了两个关键动作：首先，金龙鱼采取了“理论导航”的品牌突围模式，提出了一个“健康标准”，推行“1∶1∶1”是食用油的最佳营养比例，即人体摄入的饱和脂肪酸、单不饱和脂肪酸、多不饱和脂肪酸的最佳比例为1∶1∶1；其次，金龙鱼借用两大著名国际组织——世界卫生组织和联合国粮食及农业组织的背书，以证明其概念的可信性与权威性。

“1∶1∶1”是一个简单、易记的“标准”，当它通过各种推广形式宣传得多了，消费者自然就会把“金龙鱼品牌”“健康”“1∶1∶1”等联系在一起。由于是金龙鱼最先提出这个标准，等到其他品牌反应过来，想要跟进与抢占，也没有空间可供利用了；即使其他品牌再推出“2∶2∶2”之类的概念，听上去也像是刻意山寨或者模仿了。

金龙鱼的方法就是典型的“先定位，再占位”。它首先找到产品独特的价值点“1∶1∶1”，这叫定位；然后，它再用权威方式去佐证，巩固自己的声誉，这就叫“占位”。金龙鱼食用油就这样构建起了竞争壁垒，成功孕育出自己的爆品。

7. 客群数量值

爆品之所以被称为爆品，必须要有基数足够大的粉丝群或者客群。离开了其背后存在着的大量客群的忠诚拥护，爆品就难以持续引爆。

客群是客户群体的简称，是指通过区域、兴趣、消费能力等多方面筛选出来的群体。一个产品的客群数量越多，与产品的联系频度越高，它们的黏性越大，品牌的收益也就越多。

在方便面行业，今麦郎品牌作为后来者，如今能与统一、康师傅两大品牌“三足鼎立”，离不开它的爆品思维。

今麦郎“一桶半”方便面在开发过程中，非常重视行业畅销品类原有的大量客群，并对他们进行了精准洞察与充分利用。今麦郎的聪明之处，就在于打造“行业招牌口味”的升级版。

它瞄准了市场热卖的品类型产品——“红烧牛肉面”，鉴于红烧牛肉面在市场已经积累了大量客群，这已经充分说明这种口味的受欢迎程度，不再需要重新校验口味和目标消费者的定位。同时，它锚定市场中“大分量”方便面的市场空白，直接以“加量不加价”的独特诉求，开发出“一桶半”的大分量版红烧牛肉面。

除了红烧牛肉面，市面上还有诸如“老坛酸菜牛肉面”“乌冬面”“汤面”等竞品品种，今麦郎继续运用这一升级版策略，通过“优质面粉、加量、加蛋、低价”等方式，继续巩固自身的优势，从而打造独有的核心竞争力，提升市场份额，最终成就了一系列爆品。

其他方便面品牌所推出的“多半桶”版本、百事可乐推出“同样价格、量多一倍”的大桶装，其实运用的也是同样的策略。

我们可以看出，爆品的打造并不一定完全局限于全新原创，也可以选用改良升级、“再设计”的办法。经济学家熊彼特曾说，“创新的本质其实就是一种新组合，而不是一种新技术”。除了极少的完全原创，大多数产品都是在已有产品的基础上优化改进而来的。

曾经世界上大多数科技发明都是来源于德国、英国和美国等，它们的产品在全球市场占有主导地位，并代表着行业标准。但今天的企业依然可以通过有效的改良，把那些已有的发明“改善”到极致。比如，把马桶变得更加智能化，用静音科技与自动加热功能，让使用体验更加舒适；改变电扇的送风方式，时快时慢，更加贴近自然风，成了夏日除空调之外的又一健康选择；改变咖啡的制作方式，用冷萃技术做咖啡粉，加凉水就能还原成一杯接近现磨的咖啡，在高铁上也能享用美味。这些“微创新”，把握了场景细分的新机会，也更加符合主流客群消费升级的需求，构成爆品的基础。

品牌共通论的“西格玛叠值通论”公式，是企业打造爆品的正确打开方式。它可以帮助企业对产品进行多维度改造升级，将产品颜值、功能值、生命周期值、价格溢价率值、利润效益值、竞争壁垒值与客群数量值七大元素累加起来，让打造爆品的成功概率大大提高。

当下的产品研发，不再只是企业单方面的研究发明，应该找到专业的市场调研与品牌顾问团队，多方共创，走到广阔的市场中，打造出能够真正解决消费者痛点的爆品。

所有成功品牌，都应该拥有至少一款自己的爆品，这样，不仅能为企业带来高利润收益，快速收获口碑好评，更有利于在市场上掌握长期的话语权与主动权。

案例精读：爆品是怎样炼成的

1. 蓝盒子床垫：痛点越深，机会越大

只卖 1 款产品，创立 3 年就成为弹簧床垫品类的头部，单品 GMV（商品交易总额）过亿元，在 2021 年天猫“6・18”一举拿下天猫弹簧床垫销量第一名，“蓝盒子”凭什么？

蓝盒子品牌成立于 2018 年，是床垫界的变革者。面对竞争激烈的床垫市场，蓝盒子以创新犀利的品牌打法，成功破圈，种

草全网，占据了近万亿家居市场的一席之地。蓝盒子集聚资源与精力，打造大单品战略，3 年只卖 1 张床垫（Z1 记忆棉弹簧床垫），并为这款单品提炼出了两个核心卖点：简单和科学。这款成功的爆品，又是如何打造出来的呢？

第一步：用“西格玛叠值通论”开发商品

在竞争壁垒值方面，蓝盒子在开发产品时，研究了大量上班族，关注到他们在快节奏的生活中对睡眠质量的重视，同时也对租房人群进行了深度洞察。针对“搬家时搬床垫不方便，使用现成床垫又怕不卫生”的用户痛点，特别设计了真空压缩卷包，将床垫的体积大大缩小，免除了床垫作为大件运输搬运不便之苦。

它将床垫卷入细长的蓝色盒子里送货上门。这一特殊设计既方便了网上销售，开拓了网购床垫新路径，同时也为蓝盒子产品在床垫市场建立起了竞争壁垒，将产品做到极致的基础上，更将顾客体验做到了极致。

在功能值方面，蓝盒子追求独到的用户体验。国内市场，床垫的营销无非是这么几个关键词：乳胶、椰棕、硬，这些关键词在蓝盒子看来只能代表品牌的营销导向，并不能代表产品真正的价值。因此蓝盒子通过与专业实验室合作，经过 3 万次压力测试，找到了“恰到好处”的软硬度。同时，蓝盒子床垫采用立袋装弹簧，可以让人在睡觉的时候保持人体自然曲线，又不觉得“硌得慌”，又挑选了“微孔密度海绵 + 非温感记忆海绵”作为填充层，保证透气散热，让人感觉“像是睡在拥抱里”。这些都体现出蓝盒子床垫对于产品功能值的重视，是从用户端出发再倒推到产品的研发端，而不是反其道而行之。

在产品颜值方面，蓝盒子床垫采用现代极简风，白顶面，蓝围边，去除一切与床垫本身无关的设计，简约而不简单，鲜明的色彩对比形成强烈的视觉冲击，助力品牌和产品在用户心中留下深刻印象。

第二步：用粉丝思维沉淀用户

蓝盒子立足用户视角，以为用户服务为产品导向，以真诚实现用户追随，成功实现从用户到粉丝的沉淀与转换，探索了一条区别于传统床垫的爆款之路。

2021 年“双 11”期间，蓝盒子邀请郭采洁作为品牌官方代言人，突出“郭采洁同款好眠”，拍摄短片《我用睡眠，打开自己》，邀请用户与明星共创品牌价值观。在此次代言人营销中，蓝盒子借助郭采洁作为演员兼歌手，拥有高话题度、高流量和高活跃度的粉丝群体的特点，成功实现品牌与明星之间的粉丝转化，将代言人粉丝沉淀为品牌用户，取得了声量和销量“双近亿”的效果。

2022 年 1 月 7 日，蓝盒子再度官宣：邀请娱乐圈模范夫妻黄觉和麦子作为品牌形象大使，扩展床垫使用场景至家庭，同样借助黄觉和麦子自带的话题度和流量，拍摄短片《我们的舒适区》，展示蓝盒子产品主要功能卖点。短片在微博平台宣发，获得超 100 万次播放，借力社交媒体平台与用户进行话题互动和社交分享，也让更多用户了解到蓝盒子品牌和产品，提高了品牌知名度。

第三步：用话题思维引爆口碑

作为一款网销床垫，蓝盒子向消费者承诺，“100 天免费试睡”。因为产品“不太软，也不太硬，恰到好处”。这给了消费者反悔的机会，此举减少了他们的犹豫成本，相当于 100 天可以无理由退货。有别于其他品牌，这一独特的承诺，为蓝盒子积累了较高的顾客信任度，树立了品牌真诚服务、值得信赖的形象，也说明了品牌对产品的高度自信。

蓝盒子品牌和民宿合作，策划了“Blue Journey 旅行中的蓝盒子”活动，为旅途中的人提供家一般的睡眠体验。它打破场景，推出一系列打动人心的内容，睡在野外，睡在沙漠，睡在美术馆，提倡无论何时何地，都可以享受睡眠的疗愈力。

在了解到云南山区留守儿童的睡眠问题后，它又推出“蓝盒子助眠计划”，将“免费试睡 100 天”退回的床垫重新清洁消毒后，作为物资捐赠给当地公益机构。此举吸引了更多人关注山区儿童，在网络平台赢得高曝光与话题热度，也助力了蓝盒子品牌形象的提升。

蓝盒子将品牌的定义从“床垫产品”变成“睡眠品牌”，希望通过床垫这个载体，让睡眠这件事回到最本质的体感上。在话题思维的推动下，蓝盒子消除了顾客购买的忧虑，提高了产品的美誉度，更为产品营造了爆炸级的社交口碑以及全网的曝光量，引爆了产品的销售业绩，最终成功实现了从产品到爆品的突破。

2. 蕉内无感内衣：用“悦己”定义基本款

作为本土新消费服饰品牌的代表，蕉内围绕人们多种场景下的体感问题，重新设计了包括内衣、袜子、防晒、保暖、家居服等生活基本款。连续 4 年翻倍增长的业绩和 2021 年超 19 亿元的线上成交额，是市场对蕉内所给予的最真实的回应。

在新消费的升级与变革中，蕉内敏锐地关注到，自我愉悦的需求随着消费主力军的迭代在快速上升，“悦己”正演变为最具代表性的新消费趋势之一。在沉寂多年的内衣领域，人们的需求从“能穿”的功能性需求，升级到“好穿、好看”的心理需求。

由蕉内所开发的新式内衣，更多从用户的角度去思考问题，基于“悦己”的设计理念将内衣“重做一遍”。通过锚定消费者的痛点和痒点，蕉内不断打造具有高度差异化的爆品，实现迅猛增长。

第一步：用“西格玛叠值通论”开发商品

在产品功能值方面，基于“重新设计基本款”的品牌理念，蕉内选择从解决体感的真实问题切入，即把生活必需品基本款的标准提高，不断改善材质、结构和功能，构建丰富的产品线，为影响消费者的体感问题，提供了更好的解决方案。

蕉内的第一款爆品，是男性“无标签内裤”，2016 年 11 月上线，创造了千万级销量，至今仍是蕉内的王牌热销产品。开发这款爆品的初心，主要源于一个足足困扰了无数人多年的“痒点”：贴身的内衣边上那个令人皮肤刺痒的化学纤维标签（水洗标）。蕉内在业内率先提出了“无感内衣”的概念，并独创了“Tagless”外印无感标，取代传统内衣的缝制标签，并采用零化学刺激的材料，彻底解决了内衣穿着时标签让皮肤刺痒的问题。

在竞争壁垒值方面，面临爆款被同行追赶的难题，蕉内给出的答案是，以技术和品类，不断创新构筑品牌“护城河”，捍卫既得的市场。基于在市场中已经确定的“无感”的独特定位与设计思路，以每年 2~3 个品类的速度，从内裤扩展至袜子、文胸、家居服等。

与去除内裤上的标签同理，这次的品类拓展亦遵循了优化消费者使用体验的方向。例如：针对掉跟痛点，重新设计了船袜；针对空杯、跑杯、上窜痛点，重新设计了文胸；为了袜子可以分左右，采用手工的无感缝头工艺；加码“科技感”，升级了保暖和防晒品类，并将之分别命名为 AIRWARM“热皮”和 MOVESTECH“凉皮”。

渐渐地，蕉内旗下的产品品类从单一的内裤延伸到外穿的防晒衣，甚至覆盖到毛巾拖鞋、围巾手套等日常家居周边，它的目标消费人群也从垂直的男性用户破圈至年轻的家庭用户，品牌的销售额也逐年攀升，甚至在 2020 年拿下数亿元的 A 轮融资，投后估值 25 亿元，成为近 10 年国内估值最高内衣品牌。

在产品颜值方面，蕉内充分体现了两位设计师出身的创始人的审美标准。工业性、科技感标识元素的运用，男女模特身上色调交错的服饰，独树一帜的标志性蘑菇头，等等，都形成鲜明的品牌记忆点和感官符号。同质化流行的当下，蕉内化繁为简的产品设计，也让消费者更加信任蕉内潜心打造基本款的决心，驱动他们做出购买决策。

第二步：用粉丝思维沉淀用户

蕉内“无感内衣“的差异化定位，以“舒服”的创新直击消费者的心理需求与消费动因，也为品牌的“KOL[①] 种草营销”开辟了便捷之路。在“两微一抖小红书”（微信、微博、抖音、小红书），蕉内开展与女性情感类 KOL 的合作营销，把握女性消费者的心理发展趋势，大量种草视频及文案引发了社交媒体用户的关注、互动与追随，传达产品高舒适度的卖点。

在社交媒体平台，蕉内既是吸收者，也是内容的输出者。海内外社交媒体的高质量时尚资讯沉淀，让蕉内设计师可以一站式阅览最新、最全的流行趋势分析，更深入地洞察消费者需求与喜好，精准预判未来。同时，蕉内集中精力生产优质品牌内容，利用社交媒体自带的高互动性与用户直接建立联系、获得消费者反馈，同时通过抽奖、粉丝群等工具强化私域运营，沉淀粉丝群体。

在直播领域，蕉内抓住流量红利，与头部 KOL 展开深度合作，多次亮相该主播直播间，收割大范围曝光量。该主播的三次直播，就为蕉内贡献了 39% 的预售额。此外，蕉内更与萌宠 IP“ Never’s Family”联名推出家居系列，促进品牌势能的互相加持，实现产品销量的爆发式增长。

第三步：用话题思维引爆口碑

“重新设计基本款”，既是蕉内的口号，也可以作为话题标签，融于产品的营销宣传中，推动其充分曝光。蕉内在《底线》这支广告中说“让好看的更舒服，让舒服的更好看，让好看又舒服的更环保”。于是，“无感”“无标签”也成为消费者识别蕉内的

---

① KOL：关键意见领袖。——编者注。

“标签”。

2021 年 6 月，蕉内官宣“三金大满贯影后”周冬雨为首位品牌代言人，共同演绎《我的基本款》全新大片。同一时间，周冬雨在微博回应“我们好像还挺搭的嘛”，助力“周冬雨代言蕉内”登上微博热搜话题榜，引发蕉内产品购买热潮。

2021 年 10 月，蕉内官宣明星王一博为第二位品牌代言人，为蕉内“绒类产品”发布官宣广告片，打造“就这样被绒化了”话题。通过王一博的创意互动，演绎“绒的温暖”，广告片播放量累计超 2300 万次，收获高话题热度的同时，也传递了蕉内全新爆品的温暖用心。

极致的产品功能与口碑，让蕉内拥有庞大的消费群体。独具辨识度的产品颜值、超级单品的心智记忆、反响热烈的用户口碑，编织出蕉内产品的坐标角色。这些，都源自蕉内独特的研发底层逻辑，以“体感科技公司”为路线，围绕用户痛点开发差异化产品；对品类趋势持续洞察，拓展新品类，孵化出更多新的爆品。

3. 农夫山泉：高阶审美力，创新水文化

2020 年 9 月，农夫山泉（09633.HK）正式在香港联交所主板上市，创下香港股市最高冻资 6709.5 亿港元的纪录，堪称“水中茅台”。农夫山泉，用 24 年时间把销售额做到 200 多亿元，被视为康师傅、娃哈哈之后，中国消费品市场的又一个巨头。

在这 24 年里，农夫山泉推出过四大不同品类的产品，个个表现出色，包括饮用水、茶饮料、功能饮料、果汁饮料四大品类。按销售额、市场占有率和消费者认知度计算，农夫山泉共做

出了7个爆款产品——农夫山泉、尖叫、茶π、东方树叶、水溶C100、维他命水与TOT气泡水。

饮用水很难做出差异化，营销难度极高。而农夫山泉硬是将一瓶瓶平淡无奇的水，讲出了故事，讲出了品质，融入了自然，还让每一滴水都充满了文化的气息。

农夫山泉是如何把最普通的一瓶水做成爆款，后续又推出一系列热销饮料，进而构建起专属于自己的饮料世界的呢？

第一步：用“西格玛叠值通论”开发商品

农夫山泉在很多品类上其实并非首创，但同类产品到了农夫山泉这里，却经常可以有“脱胎换骨”的效果，成为真正的爆品。靠的就是，农夫山泉对市场先机的判断力，高阶的审美眼光，对消费者需求的敏锐洞察，以及在研发上的持续创新力。

农夫山泉刚创立的时候，饮用水行业竞争异常激烈，已经有娃哈哈、怡宝、乐百氏的纯净水品类，以及康师傅为代表的矿物质水品类存在。如果农夫山泉选择跟随，不寻求差异化，很难在与这些巨头的混战中获胜。

农夫山泉从客群数量值角度着手，一方面立足于传统瓶装水品牌奠定的庞大客群基础，一方面开创了独一无二的“天然水”新品类，并成为此品类的代表品牌，在短短14年时间内赶超娃哈哈，成为中国瓶装水市场份额第一的品牌。

农夫山泉旗下的其他品牌也沿用同样的思路：在2003年中国果汁市场普遍为浓度10%左右的低浓度果汁饮料时，农夫山泉果断推出了“混合果蔬汁”品类的新品牌“农夫果园”，果汁浓度提高至 30%，一炮而红。

农夫山泉的饮用水产品贡献了超一半销售额，也是农夫山泉最赚钱的部分，这离不开它在产品设计上的投入。在产品颜值方面，农夫山泉注重构建差异化，最初使用了红色运动瓶盖的设计。这点的考虑在于：伸缩瓶盖设计够特别，一下子让人印象深刻。而红色瓶贴，则是为了区别于康师傅的蓝色、怡宝的绿色和娃哈哈的粉红渐变色。

为了提升产品外观的品质感，农夫山泉多次邀请国际团队来设计包装。茶 π 包装瓶的插画来自法国设计师，东方树叶的包装图案来自英国设计公司 Pearlfishe，打奶茶的瓶身设计来自希腊公司 Mousegraphics，农夫山泉学生水包装则由英国插画师布雷特 · 莱德（Brett Ryder）创作。据“FBIF 食品饮料创新”媒体 2019 年引用的消费者调查显示，有超过 7 成的消费者首次购买茶 π 都是被其包装所吸引。

为了设计玻璃瓶瓶装矿泉水的包装，农夫山泉邀请了来自 3 个国家的 5 家顶级设计工作室，前后经历了 58 次修改和 300 多轮设计，最后，找到一家拥有 130 年历史的欧洲玻璃制造商来执行设计方案。最终的包装一经推出，就惊艳了世界，不仅斩获多项国家大奖，还成为各种国际高端会议的指定用水。

2016 年，农夫山泉十二生肖瓶，在只送不卖的“饥饿营销”模式下，迅速蹿红，成为现象级爆品。“长白雪”系列，展现长白山四季风光，将动物生灵融入瓶身设计，凸显了天然水质的健康和生命力。富有自然与人文情怀的设计，再次成为消费者目光的焦点，甚至斩获了国际设计大奖。

在产品功能值方面，农夫山泉瞄准国内空缺的婴幼儿饮用水市场，转而为宝宝研发出矿物元素含量适中的婴儿水；采用长白山莫涯泉 2 号泉水源，更引入世界顶级无菌生产线，严格制定适合婴幼儿饮用的天然水企业标准。“婴儿水”一经推出就迅速蹿红网络，成为万千父母消费者的高质量饮用水的首选。

第二步：用粉丝思维沉淀用户

在社交媒体时代，真正让农夫山泉享受“社交爆品”的盛名，拥有大量新生代消费者的青睐，还得益于它的粉丝思维与近年来丰富多样的创新营销，包括各种冠名营销、跨界联名、瓶装营销等。

通过冠名《中国有嘻哈》《偶像练习生》等综艺节目，农夫山泉提升了品牌在年轻消费者群体中的影响力。通过丰富瓶装水生产线，农夫山泉除了经典水之外，还有像学生水、母婴水和生肖水等产品，获得了相当大的关注度。

农夫山泉还携手故宫文化进行跨界联名，推出 9 款限量版“农夫山泉故宫瓶”，以康熙、雍正、乾隆三代帝王以及后妃们的人物画像为设计主体，结合人物性格甚至热播剧《甄嬛传》的台词，来创造娱乐化的社交文案以推广产品。它更与网易云音乐强强联合，推出合作限量款“乐瓶”，精选 30 条用户乐评印在 4 亿个瓶子上，带来巨大热度。

2019 年“小瓶子涂鸦大赛”游戏在网络爆火，农夫山泉借势官宣了一系列小瓶装饮料，推出“快乐源泉小瓶子”，更以“小身材里面藏着快乐的小秘密”为主题，与消费者进行深度互动，融入特色文案，塑造年轻、有趣的品牌形象。这次策划在激发用户创作热情的同时，也成功“吸粉”无数。

第三步：用话题思维引爆口碑

农夫山泉的火爆，离不开对用户健康需求的洞察，以及高明的话题炒作思维。自 1998 年起，农夫山泉始终围绕“天然水”的品牌定位，不断推出“农夫山泉有点甜”“大自然的搬运工”“每一滴水都有它的源头”等带有强烈话题性质的广告语，迅速建立起市场地位。

为了避开与乐百氏、娃哈哈等纯净水领导者在同一战场上进行交锋，农夫山泉创造了一个新的战场——“天然水”品类。同时，它通过公关传播手段，攻击原有的纯净水不含有矿物质、对健康不利，有效地打响了自己的名气。

1999 年 4 月，农夫山泉宣布：全面停产纯净水，全力投入生产天然水，理由是纯净水不健康。“全面停产”的话题感极强，还能为企业增加社会责任感的光环。后来，“全面停产”的手法成了很多品牌的公关方式：美的全面停产非变频空调，海尔全面停产非自清洁空调。

农夫山泉在广告中大力宣传天然水源的优点，尖锐地指出：只有天然水才富含营养元素，远远胜过纯净水。同时以较高的定价，来佐证天然水品质更好的特点。农夫山泉在媒体上发起“饮用纯净水毁掉一代人”的公关话题，给纯净水起了“刮骨水”的名字，直接告诉消费者：纯净水不仅不会补充矿物质，还会带走体内营养成分，造成骨质疏松。

这些行动，引发了以娃哈哈为代表的纯净水企业对农夫山泉进行口诛笔伐，直至对簿公堂。“纯净水无用论”事后被证明是无稽之谈，也让农夫山泉输了官司，可农夫山泉“大自然搬运工”的品牌形象却早已深入人心。据报道，仅4年时间，农夫山泉就通过“天然水”的概念快速抢走了大批消费者，而娃哈哈就在这场“水战”中落败，转而发展营养快线等单品。

农夫山泉擅长打造爆款公关话题，加强品牌与消费者之间的情感联系。早在2006年，农夫山泉就已在品牌营销中结合公益事业，告诉消费者“你每喝一瓶农夫山泉，就为贫困山区孩子捐出一分钱”。2020年，农夫山泉与银联合作推出“诗歌瓶”，以瓶身为载体印制诗歌，扫描瓶子上的二维码还可以听到大山的孩子读诗，也可前往银联云闪付捐赠，助力山区孩子成长。

在获得现象级传播的同时，农夫山泉的每一个爆炸级话题都与产品深深绑定。带有各类文化情感价值标签的产品深入消费者内心，敏锐地制造话题热度，同时靠着走心的社交互动瞄准年轻人兴奋的传播点，获得高曝光的同时，为品牌注入不同的内涵，最终为品牌带来口碑和销量。

第四章

符号：全维度放大品牌价值

品牌符号，是品牌原力的极致表达。作为市场认知品牌的第一印象载体，是全方位建立品牌识别的基础。

什么是符号？

1. 符号，让品牌与心灵共鸣

符号，是品牌核心意义的载体。在品牌共通论“四部曲”中，品牌符号，是品牌原力的象征物和投射，也是建立品牌独特性标识的起源。因为品牌原力无法被意识直接感知，必须通过一系列的符号表达出来，才能被理解与认知。

社会学家马克斯·韦伯（Max Weber）有一句名言：“人是悬挂在自我编织的意义之网上的动物。”品牌带给人们的意义，正需要通过符号进行链接，由企业与消费者共同创造。因此，品牌符号的目标，就是激活品牌原力，让品牌与人心有所共鸣、有所共通。

“符号”一词，看似平常，实则是横跨多门学科的专业术语。

符号学家将符号分为“能指”（signifier）与“所指”（signified）两个层次，前者是指形态等可感知的浅表层面，后者则是表层

“能指”所指涉的具体对象。然而“所指”本身又可以被视作一个新的符号，有新的表层“能指”与深层“所指”之分。这样的分层，理论上甚至可以无穷无尽，符号学家将此称作“无限衍义”。

举例而言，“龙”作为符号，它的语音“Long”是“能指”，它的词义“神话传说中生活于海里的神异生物”是“所指”。“所指”还可以有多层词义，可以衍生出更深一层的“所指”——中华民族的共同体认同、精神图腾；龙纹在封建社会是帝王标志，在今天依然带有权威、祥瑞之感。这些都是“龙”符号植入文化记忆底层的“意义”。一个符号的“所指”越多，这个符号被识别、被记住的可能性就越大，它的价值就越高。

早在几千年前，符号就以图腾的形式成为部落与氏族的信仰，是区分群体的标志。《诗经》中的“天命玄鸟，降而生商”，玄鸟就是中国商代的图腾。族徽，作为家族的族名或国名，铸制在青铜器上，是比甲骨文更早的古文字。

此外，美国的白头鹰、英国的狮子、俄罗斯的熊、印度尼西亚的迦楼罗神鸟等都是图腾符号。图腾是早期社会形成群体意识的辨识标志，也是原始神灵文化与部落规范的重要外化。图腾系统的生命力，很大程度上有赖于神话语言、宗教仪式、原始绘画等多种符号的演绎。

族徽，在日本历史上的地位举足轻重。它曾经被作为贵族的标志或“家纹”，贵族与武士会把自己家族特有的纹样，用于庄重场合所穿的和服上，或装饰于车上，让其他人可以轻易地识别。这些以花鸟、刀剑、自然图案为主、精心绘制的纹样，代表着贵族与武士的门第出身。

在当今社会，族徽与图腾，仍然借助它们的变体，如校徽、司徽、国徽等，在现实生活中巩固、提升群体成员的共同体意识。它们演变成商标、口号、旗帜、音乐、服饰、钱币图案等不同的符号形式，凸显不同群体之间的差异性，甚至影响人们的信仰、态度和行为。

2. 品牌竞争的本质，就是符号竞争

品牌符号，是市场认知品牌的第一印象。人在第一次接触新事物时留下的印象，会在头脑中占据主导地位，其中包含视觉、味觉、听觉等多方面的感知。这时，品牌要用足够鲜明的第一印象，让消费者“认识你”。

消费者形成对品牌的印象和感受，往往通过品牌符号来沉淀。例如：提起耐克，你会想到一个钩形；提起麦当劳，你会想到大写的、金黄色的字母“M”；提起星巴克，你会想到绿色的美人鱼；提到金霸王电池，你会想到那只打鼓的兔子。这些，都是品牌符号的作用，它们通过图形、色彩、卡通形象等肉眼可见的有形元素，让你加深印象。

但是，要想赢得消费者的心，光靠单个的符号是不够的。品牌的符号，绝不仅仅是人们通常理解的设计一个标识、写一句口号那样。

除了建立第一印象，更需要的是开发出一整套符号系统。通过可以触达多种感官的品牌符号设计，来全维度地放大品牌价值，才能使目标客户从识别品牌到认可品牌。品牌符号系统，在

长期的品牌营销过程中，起着潜移默化、传达品牌价值观的作用，通过多次刺激、让消费者长久地记住自己，并最终成为品牌的拥趸。

品牌符号的开发，在品牌塑造的环节中必不可少，它是通过建立一套能被受众所感知的、独特的商业符号系统，将品牌原力外化、显性化的过程。从产品的名称、造型、色彩、味道到店面空间设计、销售话术等，都有可能成为品牌的专属符号。

从本质上看，品牌与品牌之间的竞争，就是符号之间的竞争。

“现代管理学之父”彼得·德鲁克将经济系统分为两种，即实物经济与符号经济。

品牌经济，就是基于实物经济的符号经济，由具体存在物凝聚人类情感，再进行客观化、抽象化而来。

符号经济，作为一种新型的文化经济形态，是由人类社会发展阶段所决定的。当社会物质商品产能极大丰裕，甚至出现过剩的趋势，就像马斯洛需求层次理论所说的那样，当基本物质需求已普遍得到满足，人们的消费行为就开始更多地与身份认同、实现自我的目标相联系。

消费者会根据自我的认知与定位，选择购买某件商品，以获取它身上所涵盖的符号价值，进行自我表达。

比如两位女士去买包，一位买了香奈儿（CHANEL）的，另一位买了普拉达（PRADA）的。包的功能相差不多，她们所消费的，正是这两个品牌所创造的符号系统。通过选购不同的符号系统，表达自己的角色与品位：香奈儿体现了一种贵气，突出女性的优雅与妩媚；而普拉达在奢华的外表下，还传递着职业女性的干练与专业。

符号价值的体现有两种方式。第一，商品的符号化。商品不仅是符号意义的载体，商品本身也成为一种符号，被赋予各式各样的意义，代表拥有者的品位。第二，符号的商品化。符号可以像商品一样，实现使用价值和交换价值，能够便利地衡量并进行有效交易。

符号是信息交互与沟通的重要媒介，它无处不在，让信仰有所寄托，让生活更加便利。而在品牌领域，符号造就差异化，让品牌从一众相似的竞争品牌中脱颖而出，在消费者心中留下烙印。

3. 从记忆单元到品牌触点

从社会意义上看，人就是符号的动物。

社会生活秩序的维持，依靠的就是一整套符号系统。进电梯，按不同的数字，去不同的楼层；拿起手机，不用看说明书，也知道打电话该按什么键、发信息该点哪个图标；别人竖起大拇指，你就能领会到夸奖、赞赏的意思；闻到浓烈的烧焦味、烟火味，就知道可能发生了火灾，需要快速疏散。还有医院的红十字、卫生间的男女标识、路口的红绿灯、交警的指示手势、数学物理的公式等。

语言、文字、图形、声音……这些符号，都在让我们更好表达与交流，实现更安全、更便利的生活，也在深刻影响着、改变着人们的行为。

这些都是因为运行已十分成熟的符号系统，潜移默化地让人们形成了共识，从而不自觉地听从符号的指挥。

构建品牌符号系统的目标，也是如此。在生活、工作的各种情境中，品牌与人们不断产生交集，形成一个又一个品牌触点，当触点不断累积，记忆碎片不断拼贴，就会逐步形成整体化的感知。无论是视觉、听觉，还是触觉、味觉等各种感官符号，当它们携带着品牌的意义，汇总在一起，就形成了一个完整的品牌王国。

品牌符号，就像是一个容量无限的“记忆单元”，可以不断储存品牌的身份与价值。品牌符号系统的创建，就是设计规划好这些高度精练、内涵丰富的“记忆单元”。这个符号系统，需要将看不见、摸不着的品牌原力，通过更简单易懂、更具差异化的方式表达出来，让消费者能够轻松地感受到，从而影响消费者的看法、观念和行为。

品牌共通论认为，企业通过符号的记忆单元向消费者传输信息的过程，就是一种追求“共通”的过程，中间不仅有瞬时记忆到短时记忆的转化，还有短时记忆和长时记忆之间的加工，追求的是信息的“零损耗”传输。而消费者接收品牌符号的过程，就像对信息进行提取与解码，最好能“一见钟情，过目难忘”。

企业面对消费者的沟通，就像女子面对如意郎君，通过暗送秋波（品牌符号）来传情达意（品牌价值），只要如意郎君（消费者）能够心领神会，那么自然就能两相情愿。如果对方看不到或看不懂这样的暗示，甚至产生了负面、厌恶的情绪，就无法收获完美的沟通效果。

消费者接触品牌符号并进行解码的场景不胜枚举，比如广告、产品包装、展示空间等，这些品牌触点也是品牌与消费者接触的关键时间点。

20世纪80年代，北欧航空公司前CEO卡尔森提出“MOT”（Moment of Truth）的概念——关键时刻，指的正是此意：这些重要的节点，决定了品牌体验的品质。如果一个接触点是美好的，顾客就对品牌留下了一次良好的印象，多次接触点的感受累加起来，如果它们都是正向的，就可以促成顾客对品牌的认可，最后构成对品牌一致的正面印象。

品牌符号的塑造与设计，就是要通过多感官的优良体验和深刻印象，让每一次品牌与消费者的互动，都变成有效接触点。这些重要的接触点，决定了品牌整体体验的成败。每个有效接触点的累计效果，叠加成积极、正面的品牌印象，就能让更多的消费者认可、喜欢品牌。

5S符号模型通论

品牌营销者的工作，通过对品牌接触点的设计，优化顾客对品牌的认知与体验。这步工作的重心，围绕人们的感官系统展开，包括：视觉、听觉、味觉、触觉、嗅觉等。这些感觉，是外界信息传达至大脑的接口，直接影响到人们对外界事物的认知。

品牌共通论中的“5S符号模型通论”，围绕人的“五感”（视、听、触、味、嗅）发展而来。为了便于应用，品牌共通论将常规的五种感官元素进行了进一步提炼，将“味觉”与应用场景相对较少的“嗅觉”合并为一项，统称“味觉”，同时增加了“智觉”这一更为有深度与整体化的感知。

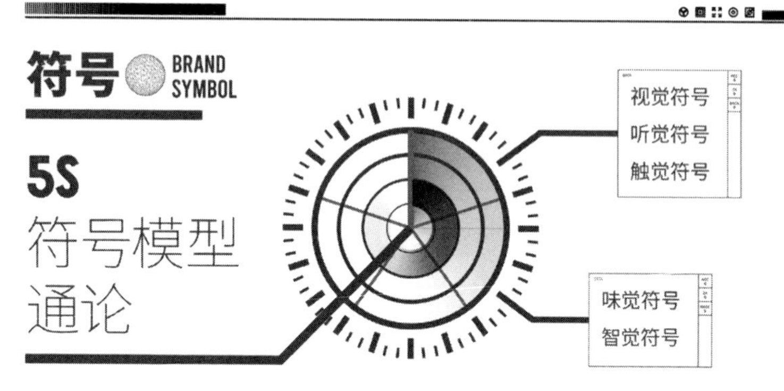

图 4-1　5S 符号模型通论

智觉，是高度抽象化的感知。它的特点，主要表现为感官体验的综合化与对象的虚拟化，以作用于心智的综合联想为直接目标，以达成意义的共通为最终目的。

通常我们提到的品牌符号，大多是单一感官符号的形式，比如：品牌标识、广告版式、产品包装设计等，是明确的视觉符号；广告歌、有声商标等，是明确的听觉符号。但事实上，品牌符号发挥作用，并非完全独立、毫无交集的。

很多成功的品牌名称、品牌口号，其实都融合了不同种类的感官要素。它们通过文字与意象的巧妙组合，拥有视觉、听觉甚至两种以上的感官元素。当营销人员将它们设计成集成式的品牌符号，就能让多种感官共通感知，加深消费者的印象。

品牌名称，是品牌构成中的语音文字元素，是与竞品区分的第一品牌资产。成功的品牌名，便于发音、识别与记忆，它就像一种召唤，唤起美好联想，降低传播成本。比如“去哪儿”“饿了么”“拼多多”“货拉拉”等名称都融合了视觉和听觉的优点，“联想”“海底捞”“外婆家”等名称则融合了视觉和智觉的优点。

当你听到“饿了么”这个名称，一听就能理解并写出这三个字，还会联想起饥肠辘辘之时来自母亲温暖的关切。

当你看到“蒙牛”的商标，似乎就能望见内蒙古大草原上慢悠悠吃草的奶牛，也能想到其所属乳制品的品类。

相机品牌“佳能”，曾经将名称由“Kwanon”（即“观音”之意）改为“Canon”，也是为了改善品牌名称的智觉联想，使品牌更容易被不同的文化所接受。

品牌口号，是以文字形式表达的、次重要的符号。口号对于品牌理念与价值点进行精练的阐释，同时，它也经常用文字来描写不同的感官体验，制造出更丰富的联想。

农夫山泉的“农夫山泉，有点甜”，融合了听觉与味觉。

M&M 巧克力的“只溶在口，不溶在手”，融合了听觉、味觉与触觉。

香飘飘奶茶的“小饿小困，喝香飘飘”，融合了听觉与智觉。

2022 年，我为法国康铂酒店策划的品牌口号“自有新享法”，则融合了听觉与智觉（图 4–2）。

康铂酒店
Campanile
Créateurs de bons moments.
自有新享法

图 4–2　康铂酒店品牌口号

1. 视觉，最直观的符号

视觉符号是最直观的品牌符号，作为品牌传播的第一利器，也是支撑品牌屹立于竞争丛林的“护身符”。

视觉，是人们接收信息最重要、最直观的方式。知名实验心理学家赤瑞特拉通过大量的实验证实：人类获取的信息 83% 来自视觉。视觉符号是以线条、色彩、形状、光线、平衡等视觉要素构成的、用以传达各种信息的媒介载体。它可以是静态的，也可以是动态的，不仅在形式上使人产生视觉联想，更重要的是能唤起人们思索，进而产生移情，达到情感的共通。

在消费者的购买决策过程中，要让他们快速理解某个品牌产品的深层理念，其实是很难的，影响他们的更多是那些表面化、符号式的记忆。靠这些简单又直观的元素，通过长年累月的坚持，成就了经典。

从落地执行的层面来看，品牌视觉符号系统包括：色彩、图形、纹样、文字、吉祥物等多种元素。

品牌色彩，是品牌在人们心中建立辨识度的第一步，能够快速传达品牌文化和态度。相对于文字和形状来说，一个亮眼或者别致的色彩，在品牌符号中占的面积最大，往往能够第一时间捕获人们的注意。因此，很多品牌会选择固定的配色作为自己的“色彩名片”，在产品的设计中重视配色的专属感。比如，星巴克的绿、京东的红、宜家的蓝、美团单车的黄。各大时尚品牌更是以色彩来划分各自的感观边界，如蒂芙尼（Tiffany）的青蓝色、卡地亚（Cartier）的深朱红、爱马仕的橙色、香奈儿的黑白……数不胜数。

除了色彩之外，品牌的视觉符号可以涵盖多种元素，进行系统化的构建，包括：品牌标识、品牌专属形状、产品专利包装、专属纹样、品牌吉祥物等。比如，耐克的钩子、普拉达的三角标、路易威登的 Monogram（字母组合）花纹与棋盘格、博柏利（BURBERRY）的格子，可口可乐的曲线瓶身、天猫的猫头、黑人牙膏的头像等均属此类。

商业传播的成本特点，决定了广告仅能承载非常有限的信息。因此，美国营销战略专家劳拉·里斯，提出用“视觉锤”的概念，来打造具有冲击力的品牌视觉符号，像使用锤子一样，将品牌信息“敲入”消费者的心中。

那么，在众多视觉符号元素中，到底哪个能成为视觉锤？如何选出一款易于辨认又与众不同的元素？这个元素可以来自品牌标识，也可以是产品的外形、包装或其他特征等。我们需要结合品牌调性，在市场辨识度、产品亮点、颜色情绪等方面，进行全方位的考量与选择。

绝对伏特加的成功，很重要的原因就是把自己的瓶身打造成了明星。绝对伏特加刚上市时，市场反馈极其冷淡，由于瓶子外观太像药水瓶，很多时候还被拒之门外。但它后面邀请了全球各地的艺术家来为这个奇特的瓶身做创意传播，30 多年来发布了上千则广告，现在它的瓶身已经成为全球最经典的视觉锤之一。

在视觉符号创建过程中，不仅需要打造视觉锤，同时也要考虑包括品牌名称在内的整体传播度。

“慢病管理第一股”智云健康，2022 年在香港交易所敲钟上市，同步亮相的品牌形象——以简练蓝色线条勾勒的“快乐云”，令人耳目一新。这正是我们团队在其上市两年前就开始精心打造的品牌符号。

刚接手这一项目时，“智云健康”还叫“智云 App”。经研究，我们发现它的一系列品牌符号存在较大问题：中文名“智云”，虽有“智慧 / 云平台”的寓意，但无法联想到健康医疗产业属性。英文名“Cloud of Wisdom”更像词组而不像名称，不利于传播。原有品牌标识，带有企业创业早期（掌上糖医）的业务烙印，也需重新升级来匹配新的业务。此外，智云公司希望新的标识能更具包容度，对患者、医生、药店、药企、政府等多个受众群体呈现出更为友好的界面。

我们从多个维度精准升级它的符号系统。品牌中文名称，从智云改为“智云健康”，加强行业联想，实现“名称即定位”。品牌英文名称改为“ClouDr”，既呼应中文，又巧妙地增强个性化：“Cloud”对应“云”，而“Dr.”正是“Doctor”（医生）的缩写。

标识的核心，在云朵造型中融入更为丰富的寓意，传递出“智慧医疗云平台”的特征、服务对象及服务精神。云，呼应品牌名称。左侧曲线代表“C”，是单词 Cloud 的首字母，也寓意“Customer（用户）至上”的理念。右侧曲线代表“心”，也象征着智云服务的爱心、诚心与信心。图形中的笑脸，代表着病人康复后的喜悦，也代表医生满意的心情。同时，微笑曲线像一座桥梁，连接起患者与医疗资源。笑脸上的眼睛替换成红十字，既突出医疗行业的属性，更能增添几分亲切与俏皮。色彩中的天空蓝表达出专业，理性、宽广、前景无限的气质；活力橙，则表达出活力，热情、健康、生命灵动的气质。

图 4-3　智云健康品牌形象

视觉锤，也可以包括品牌的核心文字元素。我们在给佰斯德利精酿啤酒做品牌策划时，从其技术优势中，提炼了更容易被市场感知的卖点——“32 天酿制的德国工艺标准”。围绕数字“32”，重新设计了一款醒目的视觉符号，并将其作为了产品罐包装的设计重心。色彩以金属色代表啤酒的高端品质，银白色代表丰富泡沫，金黄色代表酒液。同时加上“32 天德国精酿工艺，时间更长，更醇香”的品牌口号，通过强化“32 天”的视觉，为消费者提供更具有差异化的购买理由。

图 4-4　佰斯德利精酿啤酒产品罐

2. 听觉，最具穿透力的符号

听觉符号，又称声音符号，指的是符合品牌调性，能够快速调动用户情绪与情感的声音。

听觉符号，在品牌共通论的符号系统中，是仅次于视觉符号的第二大符号类别。现在很多企业对专属听觉符号的开发意识还不够，听觉符号的提升尚有很大空间。

我们生活在一个被各种声音包围的世界，与其他几种符号形式相比，听觉符号虽然看不见，但是它的传播力更强，而且不受阻碍。比如，触觉、味觉都需要近距离的感受；视觉需要无阻挡的状态以及目光的聚焦，需要专注地去观察。相比其他符号，听觉符号有三大特点：（1）能做到远距离传输；（2）能突破间隔或阻挡物，让受众听到；（3）收听者可以分心接收信息，比如一边忙工作，一边收听音频广告。

听觉符号带有情感导向，对人们情绪的影响是极快的。有研究表明，人类对声音做出反应只需要大约 0.146 秒，当听到某些声音时，我们会不自觉地产生情绪的波动。比如，当听到刘德华的《恭喜发财》，马上就有一种浓浓的喜庆与促销的气氛，好像来到了新年的大卖场。当约翰·威廉姆斯作曲的《星球大战》序曲响起，人们仿佛马上置身于恢宏、壮美的银河战场，感受到振奋人心的力量。

精心设计的听觉符号，可以让品牌具有特殊的力量。如果某个品牌的声音系统足够独特、有力又令人印象深刻，比如那些能调动起人们潜意识记忆的声音，消费者听到时能产生条件反射般的回应，非常容易影响其购买决策。

品牌听觉符号通常有以下几种表现形式：品牌提示音、强化音效、品牌名称的发音、品牌歌曲等。

当品牌听觉符号表现为提示音：QQ和微信的独特消息提示音，让用户一听就忘不了；支付宝钱款到账的提示音，可以让用户持续地获得满足感；奥迪车门上锁时沉重的“咔嗒”声，可以让车主在驾车时感受到尊贵与安全；有百年历史的米高梅公司以“雄狮吼”作为片头，代表了好莱坞商业艺术的巅峰，可以让观众在大片放映前充满期待。

当品牌听觉符号表现为各种感知的强化：煎牛排的嗞嗞声、可乐罐打开的气泡声，都具有独特的刺激感，却可以让消费者对食物的味觉和口感进行通感，引发令人愉悦的感受。短视频平台还流行一种专注于声音的视频风格，又被称作ASMR（autonomous sensory meridian response，自发性知觉经络反应），即在视频中特别放大“嚼薯片、吃酥脆炸鸡、切割榴莲或菠萝”的声音，会让人放松并产生舒适感。不过，如果这些符号无法与品牌形成关联，也不可能成为品牌专属的听觉符号，提升营销效果。

当品牌听觉符号表现为品牌名称上：采用叠词构成的品牌名，以“ABB”结构为主，比如驴妈妈、拼多多、货拉拉、香飘飘等，它们都是消费者快速记住品牌的记忆锚点。

当品牌听觉符号表现为广告歌曲：在声音符号系统中，广告歌曲的传播力尤其显著，它能比其他的听觉符号承载更多的信息量。传统叫卖式的广告往往容易引起消费者的排斥，因为谁都不喜欢被推销，而广告歌曲就比较“软性”，人们也没有那么强的戒备心理。很多广告歌曲的旋律悦耳上口，被广为传唱，就等于为品牌做了无数次的免费宣传。

苹果公司非常善于运用音乐来撬动市场，每次新品（如iPod、iPhone、MacBook电脑）上市时，都会选用各路大牌音乐人的作品，比如U2、酷玩乐队、埃米纳姆等。这些全球级的歌手与乐队本身自带流量，音乐的传唱度更放大了品牌的影响力。

国内市场在发展的不同阶段，都有脍炙人口的广告歌面世，有时候歌曲比广告本身还要红。比如：《喜欢上海的理由》其实是力波啤酒的广告歌，《我的地盘》是周杰伦给中国移动“动感地带”的广告歌，《热爱105℃的你》是歌手阿肆为屈臣氏蒸馏水所唱。

近年来，以音乐为主的内容营销大放异彩。我认为，将广告打造成MV（音乐视频）是非常有效的模式。特别是在社交媒体平台，将品牌理念用一首定制的歌曲来表达，能极大地刺激消费者的兴奋点。一首歌曲，不再只是作为配乐、充当广告的配角，而是可以作为“营销战役”的主体，打通整个营销与传播的过程。

2018年，我应邀为建设银行浙江分行的新业务“在线租房”进行品牌策划。这个平台的优势是让用户在城市找到更靠谱的房源，同时还能提供贷款、房租分期付款等。它所面向的人群比建设银行以往的客户更为年轻，在20~30岁之间，包括应届大学毕业生等。

建设银行作为国有大行担当，品牌形象属于传统的金融行业风格，向来比较稳健、严谨，如何将它的调性变得年轻化？租房，作为其全新的业务板块，大众原先对其并无认知，如何让市场乐于接受？经过市场研究与前期思考，我建议结合当时十分火爆的综艺节目《中国有嘻哈》来策划一首嘻哈风的歌曲，既能唱出新业务的卖点，同时也能扭转市场对于建设银行的刻板印象，客户欣然接受。

随后，经过我们与影视团队精心策划与制作，一条名为《房囧》的MV式广告正式亮相。广告中，两名专业的说唱歌手，穿着嘻哈范儿的服饰，用饶舌风格的节奏与歌词，来表达城市租房一族的窘境：照片成了“照骗”，合租成了噩梦。原本较枯燥的租房业务卖点，全部用歌词来演绎——“打开建行App，买房租房样样齐，房东租客全认证，不怕中介玩猫腻!”动感的节奏，引出各种尴尬却又真实感十足的生活场景，让人在听完歌曲之后，不知不觉记住了“要租房，找建行”的品牌理念，获得客户与市场的一致好评。

3. 触觉，零距离体验的符号

触觉符号，是无意识的传播手段，也是非常值得重视的品牌符号。在各种营销方式纷飞缭乱、消费者戒心不断提升的今天，润物细无声的触觉体验，更善于侵占用户的心智。

和商品的直接接触，永远是最能打动消费者的。触觉能让我们真真实实地感受到这个世界，实实在在地拥有这个世界。从单个的产品体验，到整体的品牌体验，触觉都在发挥着重要作用。

心理学中有一个新兴的研究领域，叫“具身认知”，认为生理体验与心理状态之间有着强烈联系。生理体验能够“激活”心理感觉，从而影响我们的各种决策。触觉符号正是要激活我们所需的心理感觉，在消费者心智中留下印记。

有统计发现，只要触摸一件物品（哪怕是一个便宜的咖啡杯）30 秒钟或更短的时间，就能够使人对物品产生更强的依赖感，这种感觉可以提高消费者购买该产品的意愿。这种触觉方式就像人与人之间的握手，又叫作“破冰”，它拉近了人与人、人与物的距离，给顾客营造了一场零距离的体验。

比如，在销售时，服务员会有意将商品交到顾客手中试用，这可以让顾客放松对金钱的掌控，并愿意支付更高的价格；甚至，如果销售人员不经意地触碰目标客户 1~2 秒，也会提高客户的签约率。连锁餐厅澳拜客，曾经使用了创新式触觉营销。餐厅的椅子能连接到脸书的应用程序，当庆祝生日的顾客坐上去时，椅子上的移动手臂能自动识别顾客在网上的生日信息，用“拥抱动作”给顾客一个特别的惊喜。

触觉符号的设计，还可以借助产品特有的材质与运用来展现。高品质材质通常都有刺激感官的奇妙之处，比如，冰凉丝滑的爱马仕丝巾，柔软温暖的鄂尔多斯羊绒，这些都是品牌的极佳触觉识别。

日本梅田医院的导视系统，是品牌触觉符号的设计典范。这个案例由日系设计代表人物、无印良品的设计总监原研哉操刀。一向推崇极简、留白、自然之美的原研哉，在梅田医院的设计中，将纯白的美感发挥到极致，并用温馨的触觉符号传达出对人的关怀，改变了传统医院冷冰冰、脏乱的感觉，为梅田医院带来更高的知名度。

梅田医院是以医疗质量著称的妇产科医院，它曾被联合国儿童基金会认证为“婴儿之友医院”。这家医院里面的每一处引导标识都被白色棉布包裹着，犹如一只只悬挂着的白色“袜子”，上面印有各类指示文字。设计师用棉布作为导示符号的表现载体，突破标识设计常用的金属、木材、树脂、玻璃等材质，以棉布柔软的触感和一尘不染的外在，准确贴合了亲切、温暖的环境设计要求。

更为讲究的细节设计，在于这些白色棉布都是可拆洗的。就如同一流餐厅之所以使用纯白桌布是为了向顾客强调餐桌的清洁，此举也传递出梅田医院保证“清洁度”的服务理念。与此同时，原研哉还在室内设计中使用了大量木材，与医院的其他装饰元素组成和谐一致的内部环境。

大到一家医院的整体环境，小到一本书、一部手机、一块饼干，都能通过独特的触觉体验设计来展现品牌的魅力。奥利奥饼干表面凹凸的标志图案，欧莱雅化妆品外盒上的烫金字体，威斯汀（Westin）酒店名片上重复排列的小圆孔……这些带有特殊肌理与触感的设计，都会刺激皮肤的神经末梢，传至大脑。当视觉信息与细腻的触觉达成体验上的共通，就可以强化消费者第一时间对信息的准确认知，构成独特的印象。

除此之外，品牌在传播中，也可以通过对文字语言的设计，实现通感上的触感联想。比如，德芙巧克力的广告语“德芙，纵享丝滑”及“牛奶香浓，丝般感受”，均融合了味觉与触觉，让人仿佛能感受到巧克力在舌尖融化时柔润丝滑的触感。这句文案通过对柔滑“触觉”的描述，提醒消费者快去享受美味。

4. 味觉，最具记忆度的符号

日常生活中，绝大部分商业营销都是通过视觉与听觉的方式，这导致大众每天都会接收不计其数的广告信息，眼花缭乱。于是，多感官、立体化的品牌识别系统，被很多企业提上日程，希望能用新的创意手法去“占领”用户的认知。其中，就包括了为品牌创造独有的味觉符号。

味觉符号营销，是指以特定的口味符号与气味符号，吸引消费者关注、认同、形成记忆并最终引向消费的一种营销方式。尤其是在餐饮、酒店、快消、服饰等行业，口味与气味符号的设计，是构建品牌独特标识的重要工具。

品牌共通论将“口味”与“气味”符号统称为味觉符号。这两种营销符号存在一定的共性，与传统的视觉、听觉符号相比，它们更具隐匿性的情感吸引力，能对消费者产生潜移默化的影响。

味觉符号之一的口味符号常应用于食品、饮料或者其他入口类的产品，类似牙膏、漱口水等产品经常会设计专属的味觉体验。比如，高露洁牙膏将其独特的牙膏香味注册成专利，形成了独特的味觉符号；李施德林漱口水，没有像普通漱口水那样设计成“香甜、愉悦”的口感，而是设计成辛辣的口感，消费者一开始会难以适应，但接触久了，这套“深蓝色＋辛辣味”的符号组合反而会给人一种更专业的口腔专家的印象，提升了消费者对其的信赖感，远胜其他口感的漱口水品牌。

知名巧克力品牌“奇巧”（KitKat），一向以红色包装示人，后来在日本市场推出了一款黑色包装的版本，起名叫“大人味”。这款新版产品的涂层比普通版颜色更深，口味也没有普通版甜。它的营销目的，是要突破巧克力食品消费者年龄层次的限制，通过“大人味”走进成年人的内心世界，表达身份认同，降低成年人对品尝巧克力的“负罪感”。

味觉符号之二的气味符号在营销中的应用更加广泛。人类全部感官中，嗅觉是同记忆和情感联系最密切的感官。大脑中负责处理嗅觉信息的神经，与主管情绪控制的中枢神经紧密相连，因此气味会强烈影响人的情绪和决策行为。

如今，越来越多的商业机构，开始意识到气味营销的独特价值。尤其以商场、超市、星级酒店、航空公司、高端会所等为主，纷纷开始在自己的营业环境中提供专属的香味，制造愉悦的消费体验。这些机构甚至还会根据品牌理念来调制特别版香氛、香水，作为礼物赠予客户。独一无二的气味符号，一旦进入顾客的心里，会让他们对品牌倍添好感，更让他们念念不忘。据美国香氛机构 Aroma 360 的研究，在购物空间内释放迷人的香气，能让顾客的逗留时间延长 44%，并提升购买意愿。

大型连锁超市，在不同的购物领域设计出不同的味道进行气味营销，比如：在母婴区释放强生婴儿粉的味道，内衣区则释放丁香的气味，泳装区释放椰子及水果的香气。另外蛋糕店里的烘焙香气，花店的鲜花芳香，都对顾客有莫大的吸引力。

喜达屋酒店集团旗下多间酒店都使用一种旧书和羊皮纸的气味，以让客人更加感受到酒店的高端定位。英国航空的头等舱与 VIP 候机室，会定期往空气中喷洒一种叫作 Meadow Grass（牧草）的芳香剂，以期待与消费者建立起更深层次的情感联系。

我们在星巴克门店闻到的浓郁咖啡香，也并非全部来自咖啡豆，它也是气味营销的产物——这是星巴克专属的咖啡味香薰，目的就是为顾客创造沉浸式的体验。同时，门店还有一条对员工的严苛规定：星巴克店员上班期间不准使用香水。因为在星巴克，空气中飘溢的只能是纯正的咖啡香味。

气味符号有四种功用，助力提升销量：（1）勾起情感回忆，如母婴商品的味道；（2）强化产品功效，比如洗发水主打防脱发，需要强化药效，味道可以设计成淡淡的中药香味；（3）改变用户认知，比如某沐浴露为了强调纯天然的特性，将香味设计成自然香；（4）调适环境场域，用较为温和的香味帮助顾客放松，使得顾客更容易接受促销的引导。

气味符号标识的设计与导入，是品牌传播的“秘密武器”。味觉符号早已无声地蔓延在品牌设计、营销的各种场景，以求无形间加深消费者印象。气味符号标识的设计并投入应用，创造的价值堪比千万级媒介投放费用的效果。2020 年中国香氛行业已经达到百亿市场的规模，“香味经济”在中国方兴未艾，它与宠物经济、颜值经济、盲盒经济等一起，为品牌提供新的增长点。

5. 智觉，全身心感受的符号

智觉符号，由品牌共通论首次提出，是更为深刻、全面的感官体验。

顾名思义，“智”即心智，“智觉”不是用单一的感官去认知某个具体的存在，而是动用多种感官，最后用心灵去全方位体验，进行整合感知。大卫·奥格威曾说，品牌代表的是一种联想，智觉就是以联想为直接目标的“感官”。它是高度抽象化的，目标直指消费者心智，希望能从价值观、身份认同、情感上赢得关注与认同。

佛教有“六识”的说法，分别为：眼识、耳识、鼻识、舌识、身识、意识。识，就是辨别世间事物的认知过程。六识所对应的，正是视觉、听觉、嗅觉、味觉、触觉这五觉，加上用心感受的智觉。

因此，智觉也可以解读为“第六识”“第六感”。它与心理学中的意识的概念有重叠，又有不同。它汇集了五种不同的感官体验，让这五种体验在内心层面进行反复融合而产生，同时也包含对过去或未来的回忆、想象、梦境等。

近年来广受关注的 IP、个人品牌、城市品牌以及新场景品牌的打造，它们的符号系统都表现出直击消费者心灵的能量。下面，让我们从个人品牌、城市品牌、新场景品牌等维度，看看智觉符号的策划逻辑。

智觉符号应用之一：个人品牌

个人品牌是品牌智觉符号的人格化呈现，尤其企业创始人的个人品牌，是企业广告代言人中性价比最高的方式。

理查德·布兰森（Richard Branson），是英国超级跨界品牌的创始人，堪称世界上最值钱的个人品牌之一。他以特立独行闻名，是极具传奇色彩的亿万富翁。他创办的维珍集团旗下有近 200 家公司，触角遍及航空、铁路、唱片、婚纱、化妆品等，还包括手机、电子消费产品领域，行业涉猎之广令人难以想象。

这位引人注目的“嬉皮士资本家”拥有一头披肩长发，虽身为集团 CEO（首席执行官），置身于名流社会，却终日休闲打扮，玩世不恭。这些特征使他更像摇滚明星，而不是商业世界“穿着西装的绅士”。

布兰森曾创造了驾船穿越大西洋的速度纪录，乘坐热气球飞越大西洋和太平洋，在美国时代广场开坦克，在伦敦最热闹的广场跳裸舞，从拉斯维加斯最高的酒店楼顶纵身一跃……这一系列荒诞又肆意的行为，凝聚了一大批认同、崇拜他的粉丝，而布兰森本人也成为一个品牌、一个符号。布兰森不仅是“品牌延伸必死”这个营销魔咒的终结者，更是“品牌人格化”与“个人营销”“内容营销”的先行实践者。一提到他，就能让人感受到一种天马行空、无拘无束的叛逆精神和对趣味、创意、自由的无上追求。

老佛爷卡尔·拉格斐（Karl Lagerfeld）的个人品牌，也已成为一种智觉符号。这位香奈儿的艺术总监，其招牌形象是：墨镜、纸扇、脑后拖着辫子。就是这位白发长辫的老帅哥，长久占领着时尚圈制高点。一提到他，人们就会想到他的经典造型，想到在他手上得以复兴的香奈儿，想到文艺、浪漫和超前的时尚。

中国同样也涌现了大量成功的个人品牌。以拍摄田园美食类短视频走红的李子柒，在获得高曝光量后，凭借短视频的热度创立了李子柒个人品牌，她在 YouTube 上还以 1410 万人的订阅量刷新了由其创下的“YouTube 中文频道最多订阅量”的吉尼斯世界纪录。

“锤子”手机的创始人罗永浩，更是个人品牌打造的成功案例，创业可以失败，公司可以倒闭，但是他的个人品牌影响力越来越强，形成了具有强大号召力的智觉符号。他的品牌影响力又迁徙到抖音的直播间，开通了“交个朋友”直播间，在直播带货领域取得新成就。

智觉符号应用之二：城市品牌

智觉符号的立体化，能够表达城市品牌的理念，构建城市的重要资产以及受众认知的“护城河”。打造一个城市或者地区的影响力，不管是对经济发展、旅游推广，还是招商引资，都具有极大的意义。

城市的品牌打造，需要开发系统性的智觉符号。通常，城市品牌的智觉符号系统会从历史、文化、景区、建筑、经济、自然、民风、秩序等城市品牌的自身资源进行扫描，挖掘最能代表城市品牌特色的元素，构建“城市名片”。

国外有浪漫的巴黎、摩登的纽约、创新的硅谷；国内有大气的北京、时尚的上海、悠闲的成都、秀美的杭州。闻名遐迩的城市品牌，都是因为展示了自己的独特性，才能让人着迷和感动。对城市的联想，就是对城市属性、城市格调、城市市民的联想和城市创造利益与价值的联想，从而衍生出对个性、态度、价值观念的联想。

城市品牌是个广义的概念，它的内涵还应该包括众多子品牌：城市产业品牌、文化品牌、特产品牌、景区品牌、人物品牌、企业品牌等多个子品牌。

这些子品牌，都有机会打造成城市系统中的周边衍生产品，它们与城市品牌相辅相成，互相推动，发挥合力。

贵州仁怀市的茅台镇，因茅台酒厂的茅台酒闻名天下，而茅台镇在中国酒业的地位，又使镇上其他酒厂也大为受益。云南思茅市盛产普洱茶，于是索性申请改名叫“普洱市”，全方面推动普洱茶产业的发展。

香港曾被称为“购物天堂”，除了购物，香港还有新颖的旅游资源、令人交口赞誉的服务质量、方便快捷的交通通信等。于是，香港重新审视了自己在亚洲的地位和角色之后，升级了自身的品牌定位，以“亚洲国际都会”的全新形象大放异彩。

相比中国近年才兴起的城市品牌营销，西方早已有了许多城市营销的成功先例。由设计师米尔顿·格拉瑟（Milton Glaser）在1977年设计的“我爱纽约”（I Love New York）图案，也是一款智觉符号，它早已超过广告的范畴，成为全球闻名的经典城市图标。新一届纽约政府进行城市品牌推广时，都会沿用这款经典图标，同时加入“形变而神不变”的概念，用“春夏秋冬、美食、运动、历史、购物”等元素，屡次掀起热潮。

被誉为“最宜居城市”的墨尔本，是澳大利亚的文化之都。作家乔治·奥古斯都·萨拉在1885年访问澳大利亚期间，创造了“奇迹的墨尔本（Marvellous Melbourne）”一词来形容蓬勃发展的墨尔本市，这个词后来成了墨尔本的城市宣传语，会让人联想到繁华都会、电影明星和聚光灯下翩翩起舞的舞者。

城市品牌的核心价值，需要通过营销、传播的共创来完成。在外来者与城市的机构、市民的接触过程中，城市品牌才逐渐形成。因此，城市品牌的创造者，包括了投资者、旅游者、市民、高级人才、政府官员、媒体等多个群体。只有城市内外的全体成员共同参与，才能打通全维度营销动力。

品牌共通论认为，城市品牌的价值，就是通过城市原力的表达与智觉符号的呈现，将细碎的城市管理事务有机统一起来，并组织城市的管理与传播，这是城市品牌管理的精髓之所在。

智觉符号应用之三：新场景品牌

除了个人品牌和城市品牌，在虚拟空间、元宇宙等新场景营销中，也需要打造智觉符号，以带给人无限的想象空间与精神向往。

近年大火的元宇宙虚拟场景，其提出最早可以追溯到 1992 年的科幻小说《雪崩》，作者尼尔·史蒂芬想要构建一个“平行于现实世界的虚拟数字世界”；到现在，元宇宙被定义为利用科技手段进行链接与创造的，与现实世界映射与交互的虚拟世界，是具备新型社会体系的数字生活空间。

本质上，元宇宙是对现实世界的虚拟化、数字化，而真正让这个新认知概念大火的，是行业巨头的争相入局。2021 年 3 月，Roblox 作为首家元宇宙概念公司成功上市，一举引发资本市场关注，旗下中文版游戏《罗布乐思》由腾讯独家代理，于上线当日登上苹果应用商店游戏免费榜第一；2021 年 9 月，字节跳动收购 VR（虚拟现实）软硬件研发商 Pico，不仅为 C 端消费者提供游戏、影音、VR 运动健身服务，还为 B 端（企业端）培训、展览等行业客户提供 VR 解决方案；2021 年 10 月，脸书 CEO 扎克伯格将公司更名为“Meta”，并宣布用 5 年时间构筑元宇宙公司，10 年内让元宇宙覆盖 10 亿人……行业巨头的纷纷入场，让金融世界充满风雨欲来的气息，元宇宙成为虚拟数字世界的符号。

相似的，还有被称为 2021 年“现象级”虚拟人的柳夜熙，她也是高新技术发展下的新场景符号，身上带有元宇宙、虚拟偶像等大热标签。在 2021 年 10 月 31 日发布了第一条视频后，柳夜熙便以此视频登上热搜，获赞量达到 300 多万次，同时涨粉上百万个，以极快的速度成为抖音大热网红。虚拟与真实的碰撞令人心醉，数字偶像与场景，成为品牌抢占流量的密码。

案例精读：用符号构建品牌王国

1. 蒂芙尼：世上最昂贵的蓝色

蒂芙尼是美国珠宝品牌，说到蒂芙尼，大多数人会马上联想到它独特的品牌色：蒂芙尼蓝。这种游离在蓝色与绿色之间的瑰丽色彩，为蒂芙尼带来了高辨识度，是蒂芙尼最有价值的视觉符号。

关于蒂芙尼蓝的由来有多种说法。一说是来自知更鸟蛋蓝（Robin Egg Blue），知更鸟在西方传说中是浪漫与幸福的象征，代表着有情人终成眷属，所以经常能在婚礼上见到这种清爽、素雅的色彩。

另一种说法，则是蒂芙尼蓝与绿松石有关，它们的色相非常接近。维多利亚时期绿松石被发掘，独特的色彩和美好的意蕴使它成为新娘的至爱，激发全球各地需求大增、价格疯涨。新娘不仅会自己收藏，还会以鸽子形状的绿松石胸针作为婚礼的伴手礼。

我们可以发现，以上两种传说都与婚礼相关，这也是蒂芙尼所预期的。作为珠宝品牌，蒂芙尼的主要客户群之一便是新婚夫妇，因此在设计视觉符号时自然要考量目标客户、品牌调性、社会风俗等多种因素。在《圣经》中，蓝色代表纯洁、忠诚和爱情，知更鸟、绿松石的意象加上蓝色在婚礼上的风靡，使得蒂芙尼最终选择了这种蓝绿调的独特色彩，也成功地将蒂芙尼蓝打造成“世界上最美好最幸福的蓝色”。

蒂芙尼蓝，作为蒂芙尼的重要品牌符号，贯穿在它的整个品牌发展史中。1845 年，蒂芙尼蓝首次出现在蒂芙尼的高级珠宝目录 *Blue Book* 封面之上；1878 年，蒂芙尼首次将这一颜色定为品牌的专属色；1998 年，蒂芙尼公司为其注册了颜色商标，并与全球色彩权威机构潘通（Pantone Inc.）合作，通过潘通配色系统（PMS）将其标准化。

自此，这种蓝色不仅有自己的商标，更拥有独一无二的潘通色号：1837。这个数字，正好是蒂芙尼成立的年份。无论在世界何处看到它，无论它以何种介质呈现，无论是在电影还是广告中，人们都能立即认出醒目独特、始终如一的蓝色。它只有一个名字——蒂芙尼蓝。

蒂芙尼的蓝盒子，也是它最成功的营销符号之一。白色缎带系着精致蝴蝶结的盒子，一亮相就受到了大众的追捧。有人会在送礼的时候刻意把其他品牌的产品放在蒂芙尼的盒子里，来提高礼物的档次。据说著名电影《蒂芙尼的早餐》在蒂芙尼旗舰店内拍摄时，为了防止蒂芙尼蓝盒被盗，出动了 40 名武装警卫。

尽管蒂芙尼蓝盒拥有数量相当可观的热情粉丝，创始人查尔斯·路易斯·蒂芙尼依旧拒绝将其单独出售，并且将蒂芙尼蓝盒塑造成了一个爱与承诺的象征。1906 年《纽约时报》曾报道："蒂芙尼有一样东西，是你无论花多少钱都买不到的，蒂芙尼只会把它送给你。那就是蒂芙尼的盒子。"由此可见蒂芙尼蓝盒营销之成功、对消费者心智影响之深。

好的品牌视觉符号，凭借品牌独有的内涵，能牢牢占据人们的心灵一角，是品牌设在人们记忆中的锚点。美丽的蒂芙尼蓝，被赋予幸福和浪漫的联想，而蒂芙尼蓝盒更进一步将蒂芙尼蓝推向品牌符号巅峰，不仅影响人们的理性判断，也能满足人们的感性诉求。

2. 英特尔：五个随时勾起记忆的音符

说到英特尔的品牌音乐 *Bong*，大家可能会一头雾水，但若是改为“灯，等灯等灯”，很多人则会情不自禁地将它“复读”出来。这五个音符就是英特尔的声音符号。它由奥地利作曲家沃尔特·威尔佐瓦（Walter Werzowa）在 1994 年创作而成，1996 年在美国商标局注册。

威尔佐瓦曾是奥地利电音乐队雪绒花（Edelweiss）的成员之一，他认为英特尔的产品广告音效要能传达品牌的可靠性、创新，给人一种可信赖的感觉。在反复研读了“Intel Inside”的品牌口号之后，他花了大量时间、精力作编排，选用木琴、马林巴琴等多种乐器合成 5 个音符，最终让我们听到了流传至今的“灯，等灯等灯”。

英特尔公司创立于 1968 年，是全球最大的个人计算机零件和 CPU（中央处理器）制造商，拥有几十年的产品创新和市场领导的历史。它生产的半导体芯片常年占据市场主导地位，是很多企业和个人用户的首选。

这样一家技术过硬、业内名声斐然的公司，却也曾为了在终端消费者群体中提升品牌知名度，而一筹莫展。

1985 年 10 月，英特尔公司发布了第一片 32 位微处理器“386”，与微处理器“286”相比，新的版本能提供更高性能与更强大的运算能力。它在营销上投入了大量资金，却反响平平，消费者并没有像预期的那样立即购买新品，而是继续使用原来的“286”，这让英特尔很是苦恼。

直到1989年，英特尔的技术助理卡特才为这一现象找到合理解释，他认为其主因是终端消费者并不了解“386”的真正优点，要提高“386”的销量，必须先说服消费者。

卡特认为：“我们希望处理器在电脑中占有更显眼的位置，它极为重要却不被人看见。人们不知道微处理器的存在，他们不认识我们。”英特尔需要成为一个在终端消费者心中有真正影响力的品牌，而“386”或是“486”无法成为品牌名称。

在英特尔CEO葛洛夫的支持下，卡特在美国丹佛市报纸上将“286”的黑体字画上红色的“大叉”，代表着“286”的时代终结，随即，报纸下一版面出现“386”并用文字描绘它的优点与超强性能。随后广告在全美报纸刊登，成功带动了“386”的销量。

与此同时，针对合作方与终端消费者的完整营销计划“Intel Inside”，就在此时提出：只要与英特尔合作的电脑客户在广告里打出“Intel Inside”标志，并植入英特尔的标志性音乐*Bong*，就可以得到来自英特尔的广告费用支持。

这招与众多客户的联合营销，堪称多赢策略。“Intel Inside”强大的广告传播，加上英特尔处理器此前在个人电脑市场的技术领先地位，奠定了自己在个人电脑芯片处理器领域的王者地位。“Intel Inside”视觉符号和*Bong*的声音符号，让消费者在潜移默化中形成了这样一种观念：买电脑要买内置英特尔芯片的电脑，用英特尔芯片的电脑性能更强。在中国，“Intel Inside”还有一句非常形象的中文口号——“给电脑一颗奔腾的心”。

英特尔作为一家面向企业的公司，却能通过面向消费者的传播建立品牌，反过来促使合作企业选择自己，无孔不入的5个音符功不可没。它们是永不消逝的电波，不断曝光品牌，以低成本实现品牌资产的积累，为英特尔带来无数粉丝，成为家喻户晓的超级音符。

3. 美团vs饿了么：蓝黄大战的背后

在激烈的市场竞争中，为了增加与同行博弈的胜率，企业会有意识打造专属自身的品牌符号体系。饿了么与美团，是经常被放在一起比较的一对外卖品牌。在众多外卖平台的“百团大战”能够胜出，它们性格鲜明的视觉符号和智觉符号，功不可没。

饿了么创立于2008年，它的标识、App页面、骑士服等都选用统一的蓝色。美团外卖于2010年推出，是以“吃”为核心、围绕生活服务的多层次科技服务平台，它原来的品牌为蓝绿色，为了与竞争对手区分形成直接的差异化，后来改为“美团黄”，并将App页面、共享单车、充电宝、POS机等所有的设备物料等全部换成了黄色。

不同的品牌颜色，会给消费者带来不同的感受。从餐饮行业的特点看，比起美团使用的暖色调品牌色，饿了么冷色调的蓝色标识似乎并不能在增加消费者食欲上起到正面作用，有消费者还认为看到饿了么的标识颜色就会想到支付宝。但若是从物流递送方面看，两者各有优势，饿了么冷静的蓝色能使用户产生可靠、信用的感知，而美团热情的黄色在街头更加醒目。

品牌色的成功推广，可能会让人产生视觉符号是饿了么和美团品牌符号体系核心这样的错觉，而事实上，这两大外卖品牌真正的博弈点和品牌升级发力点，是隐藏于视觉符号之下的智觉符号，即饿了么的“蓝骑士”和美团的“黄骑士”。

在城市街头，外卖员与骑手是新兴的风景线，也是外卖平台最抢眼的移动广告。当我们分析这两大智觉符号时，必须从骑士独特的形象装备着手，聚焦于饿了么骑士帽上的竹蜻蜓和美团骑士帽上的袋鼠耳朵。

2020 年 5 月份，饿了么推出竹蜻蜓头盔，一时间穿梭于大街小巷的蓝骑士头上都出现了“哆啦 A 梦”同款竹蜻蜓，引得行人纷纷侧目。饿了么竹蜻蜓 IP 不仅流露出童心与俏皮，也是蓝骑士精神的外化。这同样体现在竹蜻蜓的分级锻造上，饿了么平台通过头盔为蓝骑士打造了荣誉体系，以浅蓝、深蓝以及金色的竹蜻蜓作为“勋章”，区分蓝骑士的不同“等级”。这样的分级体现了平台重视服务精神的意识；蓝骑士智觉符号，也使平台人格化形象更加清晰。

但真正算起来，其实最早在“头上动土”的是美团。从 2018 年起，美团就在每年的“7·17 骑士节”，将袋鼠耳朵头盔作为节日礼品发给外卖小哥，而且通常是发给优秀骑手，作为嘉奖和肯定。美团袋鼠耳朵的“分级”属性并不明显，反而更加突出“萌”的特性。骑士帽上的这对袋鼠耳朵，是互联网场景下自带话题的智觉符号。它天然带着互联网民众所喜闻乐见的“卖萌”元素，当它与男性居多的外卖员群体相结合，达成了极具反差感的效果，还为日常生活中的送外卖、取外卖的场景，增添了几分娱乐性与戏剧感，为用户提供情绪价值。

虽然两大外卖品牌各有各的智觉符号，还存在一定竞争关系，但饿了么竹蜻蜓和美团袋鼠耳朵的大热和出圈，却是由一个共同话题所引爆的。那就是“外卖小哥皮肤大战”，被网友戏称为“唯一不伤和气的战斗比拼”。你有袋鼠耳朵，我有脏辫头盔；你头戴小黄鸭，我便在帽顶插竹蜻蜓……饿了么和美团骑士暗暗较劲，头上五花八门装饰造型纷纷出现，引起大量网友围观和讨论，更是卷起一波“二次创作”的共创热潮。

两大外卖平台的战争，不是红包战，也不是补贴战、配送战，而是已经从产品的角逐延伸到了品牌符号的竞争，从服务体系发展到了用户参与度的较量。饿了么和美团，通过这场“袋鼠耳朵”对决“竹蜻蜓”的另类大战，打造了各自的骑手 IP。本质上，它们都在制造话题，用独特的品牌符号，给用户带来差异化的新鲜感。

第五章

共创：激活多角色参与营销链

品牌共创，是生态化的创新之道。企业不再是闭门造车的生产与单向传播，而是发动所有人共同成长。

什么是共创？

1. 从观念破界到增长裂变

经过了发掘原力、打造爆品、开发符号三大步骤，品牌建设工作只能说完成了一半。你或许会问，那还需要做什么，才能让品牌真正实现可持续增长？事实上，另一半的制胜关键，恰恰不在于该做什么，而在于该让消费者做什么。

数字时代已经永久地改变了营销，创造品牌意义的方法和与消费者沟通的模式，也发生了根本的革命。企业主再也不能孤立地打造品牌，新营销的挑战是如何通过有意义的联结驱动品牌价值，并与消费者、客户和其他合作者一起，共同创建品牌。

企业的生态体系包含开发者、生产者、塑造者、销售者、传播者、购买者、使用者七大角色。在这样的大背景下，品牌营销的关键，需要从过去的“我创品牌”转变为“共创品牌”——实现“营销的共创”（Co–Creation）。这也是品牌共通论系统一个重要的环节，可以给企业带来生态体系的共赢。

正如美国学者普拉哈拉德在《消费者王朝》一书中所言："'公司中心'型创新方式已经消亡。相反，消费者正凭借独一无二的个人经历，在创造价值的过程中发挥着越来越大的作用。"

我们发现，那些存在于传统品牌的营销和组织惯性，让品牌对营销环境变化的反应变得迟钝了。同时，无论是企业与企业，还是企业与消费者的关系，都在发生变化。整个企业生态的各个参与者都在探索更为多维、多元的协同合作方式。

共创，是从单极输出到共同奔赴。"闭门造车"的时代早已过去，品牌需要将营销的舞台和话筒递给用户，让用户走到台前，全面参与到品牌的生长中，成为品牌的一部分。共创，包括了从品牌到用户、从用户到品牌、从用户到用户，甚至从品牌到品牌，以打造一种多角色互动的长久营销链。品牌的创建者需要进一步模糊、突破角色的边界，打通一种全维度的营销动力，在共同参与中拓宽客群容量。

共创，是从单一触点到全链运营。共创的关系，发生在整个"消费者体验"（Consumer Experience）的过程中，即企业在消费者购买旅程的每一个节点上与消费者之间的交互情况，涵盖产品（Product）、价格（Price）、销售（Sales）、服务（Service）到品牌（Brand）的整个周期的一系列触点。它基本上就是消费者与品牌之间所有交互的总和。企业要在消费者的关键行为决策点上布局，从而让各类资源协调作战，各司其职地引导消费者的购物决策。

2. 重新定义消费者与品牌的角色

共创带来的最根本的改变是，消费者和品牌的角色被重新定义了。

传统产品主导逻辑下，企业通过市场交换行为将产品销售给消费者，完成价值的单向传递，企业与消费者二者彼此分离，企业在价值创造过程中处于主体地位。

随着20世纪的技术创新，消费者被纳入价值生产环节，作为共同生产者参与价值创造。企业与消费者，从之前简单的“一个卖一个买”变成了合作共赢的伙伴关系。企业通过更低的获客成本，更近距离地接触到消费者，并针对消费者需求提供更精准的产品和服务。消费者成为品牌亲历者，他们的意见与评价决定了品牌的商业价值，甚至是构建方向。

品牌不仅是跟消费者达成交易，更多的是建立与消费者的长期链接。这种链接，依靠双方共创的内容完成，用故事、角色把双方的需求升华，并产生用户裂变、口碑爆棚、高效转化等化学反应。

共创的核心目的是通过打破角色边界，通过内容和体验触点的深度结合，建立品牌与消费者的共识与信任关系，以沉淀下来最重要的品牌资产。20世纪知名艺术家安迪·沃霍尔，曾有这样一句预言：“在未来，每个人都能成名15分钟，每个人都能在15分钟内成名。”Z世代消费者（指1995年至2009年出生的一代人，据2021年国家统计局数据，我国Z世代人群数量达2.64亿，占总人口的18.79%）的生活方式，精准地验证了这一预言。

日益成为品牌消费中坚力量的Z世代人群，他们一出生就与网络信息时代无缝对接，成长于互联网与智能手机的环境中，他们非常习惯利用网络来表达与传播自己的消费感受，将自己购买的商品或创作的内容，发布到网络中，与更多的人共享。他们也善于出售自己的商品（也包括知识、经验、服务等），通过巧妙的包装实现成交。他们更具创造性、主动性、表达欲，因此也希望参与到品牌建设当中，而不只是被动地等待品牌推送产品和内容信息。

今天的品牌，不能单靠企业主单方面设计出来，而是通过与消费者共创而生长。只有当品牌价值是消费者深度认同的、主动参与创造的，品牌才能获得溢价和可持续增长。在这个过程中，企业才能够实现品牌的裂变扩散，赢得更多的消费群体。

3. 三步共创模型，驱动生态共赢

在这个时代，营销的共创是正在发生的事实，也是品牌出圈的必经之路。怎样通过营销共创，真正为品牌增长服务，而不只是空洞的口号与套路，品牌共通论认为，企业可以通过以下三种方式与各方共创价值。

一是产品共创，在真实需求下实现产品力快速迭代。正如“精益生产”理念所提倡的，面对极端不确定的市场情况，企业不能一味地埋头苦干，而要和用户一起“小步快跑”。企业应该进行“验证性学习”，先向市场推出极简的原型产品，然后寻求用户的反馈，不断地试错，以最小的成本验证产品是否符合用户需求，灵活调整方向。这一模式，不仅针对创业派，对于世界级企业内部的新业务也同样适用，小米、特斯拉、瑞幸咖啡等不同领域的

头部品牌，所推出的每一款新产品都会邀请大量用户进行“内测”。

二是内容共创，构建品牌与用户深度链接的共通点。引导超级用户（或叫 Key Opinion Consumer，关键意见消费者）主动创造产品消费与体验的内容。这些内容来自用户生活与消费场景，能极大地影响其他用户的购买行为。在万物皆内容的当下，内容可以是一次评测种草，一条打卡短视频，一场直播，也可以是一档综艺、一部动漫，甚至是一个游戏。品牌以多样化的内容形式，持续触达消费者进而促使超级用户的沉淀生成，同时以“内容电商”“直播电商”等方式形成消费者购买闭环。

三是品牌共创，从说教模式转变为陪伴模式。一个品牌真正深入人心的标志，就是品牌与用户之间产生更深层次的互动，赢得用户对品牌由内而外的信赖，用户成为品牌故事的“宣传大使”。例如：蔚来电动汽车打造一年一度的“NIO DAY”，整个活动由用户全程策划、参演和传播，这个形式颠覆了传统新品发布会，成为车主的精神盛宴。花西子美妆邀请用户“一起守护花西子”，成立 30 万元基金招募“护花使者”，激发消费者积极参与打假。

太多成功案例都说明，在这个共创时代，企业与用户个体的边界已经越来越模糊。内容共创正在拉动商业跃进，而且成为企业的“必选题”。

七维共力共创通论

无论是产品共创还是营销共创，共创思维就是让整个营销链条中的每一个环节都能发挥力量，并在共同价值认知的基础之上，打造出能被更广泛人群认可与接受的产品，进行更科学、有效的传播。品牌共通论认为企业可以从以下七大维度，打通品牌产品与营销的共创力，分别是：开发者、生产者、塑造者、销售者、传播者、购买者和使用者，如图 5-1 所示。

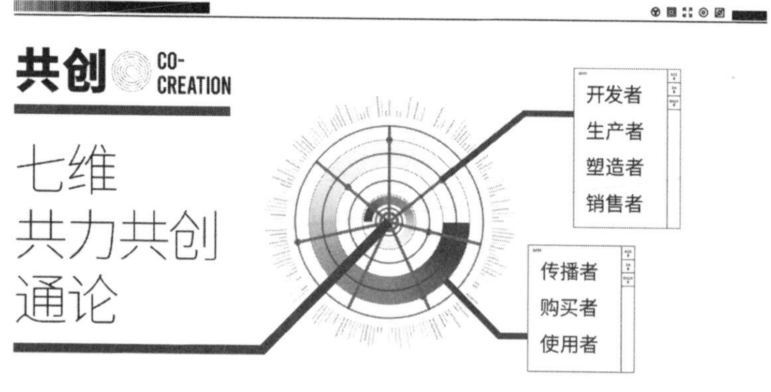

图 5-1　七维共力共创通论

1. 开发者

开发者决定共创的源头，奠定共创的基调，是出品方与原创者的角色。

拥有共创理念的开发者，在研发产品时不会“闭门造车”地埋头研发，而是会让用户直接参与到产品的研发设计中来，这样，既能真实洞悉用户在特定场景中的需求痛点，又能吸收用户的产品创意。如果产品不符合市场需求，最好能“快速地失败、廉价地失败”，而不要“昂贵地失败”。如果产品被用户认可，也应该继续深挖用户需求，迭代优化产品。

举一个最典型也最容易被忽视的案例：微信朋友圈。问世十多年来，朋友圈早已超越了社交的功能，它变得像人们的衣食住行、睡眠呼吸一样自然，成为中国人日常生活的一部分。这些都让我们几乎忘记，微信也是一个被精心开发和设计的产品，一个引导用户共创、不断迭代至今的平台。

作为如今的国民级社交产品，微信经历了多次大的迭代与数百次小的迭代。微信 1.0 版本的功能极为简单，没有好友验证、黑名单、群聊、发语音、朋友圈等功能。就是这样一个“残缺版”，体现了微信的产品开发团队大胆而坚定的理念：把最核心的功能先上线，确保熟人之间可以点对点地发消息。

微信最早就是一个通信工具，后来变成了社交平台，再到现在的移动生活场景，甚至是移动商业帝国。在它的发展过程中，处处体现出“持续精进”的理念，微信把产品的小功能快速上线试错，然后观察用户的痛点，根据反馈来不断优化升级。

在微信应用程序中，有多个体贴的功能设置，都是结合用户的反馈进行开发优化的。比如“不透露信息是否已读，降低收信压力”。当用户收到对方发来的信息，如果系统显示“已读”，那么对方就知道用户已经读了此信息，这个时候如果用户因为种种原因未能回复，就会给他带来情绪压力。微信根据用户测试的结果，敏锐地捕捉到了这点，最终选择了不展示“已读/未读状态”。

微信朋友圈的评论功能，可谓用心良苦——在朋友圈所发布的内容下方，如果两位留言者不是“好友”关系，他们的评论就互相见不到。为什么这样做？是因为评论者总有这样的担心：“我这条评论被不相干的人看到怎么办?”这种心态就像在现实生活中，本来两个人谈兴正浓，这时正好来了第三个人，如果前两人不想让他参与这个讨论，那么原本的话题就会停止。这种对于人性的细微洞察，是微信评论区功能的亮点之一。

在微信之前，从来没有一款流行的社交产品如此设计过，无论是海外的脸书、推特，还是国内的微博、校内网。甚至直到今天，这种用户体验的考虑都是极为精妙的。微信开发者张小龙对微信的期许，是用户的创作门槛要足够低，低到是个人就能进行创作。从已有的这些功能设计上看，微信显然将对共创的引导做到了极致。

继社交和数字化时代之后，如今正在进入营销的另一个时代，元宇宙时代。这两年“元宇宙”一词热度不减，作为Web3.0的重要组成部分，每天都有新的企业和品牌踏入这一全新领域。数字技术迭代带来的新鲜体验，吸引更多年轻一代消费群体，同时让品牌焕发出新的面貌，实现价值增长。

对产品的开发者而言，元宇宙这样一个虚拟共享环境，先天就带有“共创”的属性和气质。品牌在元宇宙中要做的，是赋予消费者意义与角色，与他们进行沟通。没有人能够定义元宇宙，但是品牌可以跟他们一起想象：在元宇宙获得什么？这些内容，本来就是可以共创的。

对于想要打造元宇宙商业的品牌方来说，NFT、虚拟数字人都是进入元宇宙的必选项。

NFT的字面概念是“Non-Fungible Token”（非同质化代币），它可以标记和记录网络数字资产。NFT所表达的资产可以是虚拟收藏品、游戏和数字艺术品，也可以标记真实世界的资产，如财产、股票、文件、资质、执照、病史、出生证件和音乐会门票等。它打通了虚拟与现实的多维度跨界，让品牌艺术化、艺术产品化，吸引了奢侈品、时尚、汽车、服饰、潮玩、食品等众多领域的品牌蜂拥而至。

虚拟数字人，作为前沿的虚拟形象资产，更适合与品牌建立跨界合作。超写实数字人“AYAYI”受邀成为天猫超品数字主理人，新华社推出虚拟偶像“热爱”（REAI）担任全球首个虚拟人版的奥林匹克宣传大使，更有在抖音上爆红的柳夜熙、苏小妹等。作为元宇宙中的原住民，这些虚拟人让虚拟的世界更具象化。当虚拟身份叠加真实的应用场景，可以为品牌和用户带来无限跨次元及元宇宙未来的想象。

元宇宙将完成互联网未竟的虚拟世界的愿景，在这个虚拟世界中，企业可以发行相关品牌 IP 的数字藏品与游戏等，人们都将拥有虚拟身份与加密资产，与具有虚拟现实的有形物体进行交互。此时品牌和消费者就不再是自上而下的信息传递形式，而更可能是通过数字形象等与消费者达到真正的共情式交互。

场景也好，产品也好，开发者的角色永远是营销链条中的第一环节。当产品开发者能从源头上与消费者进行价值共创，就能为未来共创的发展打下很坚实的基础。

2. 生产者

品牌的共创，是一个由内而外的过程，首先是内部全员共创，然后才是外部共创。

如前文所说，品牌的接触点涉及多个方面，对外有合作方、供应商、客户、社群、媒体等利益相关方，对内有管理层、股东、内部员工甚至员工家属等。共创工作的任务，就是把这些角色整合起来，让他们共同承担起品牌建设的任务，让共创无处不在。如果能发动所有的品牌相关方一起参与，所引发的营销能量是极为庞大的。

作为企业价值生产的源头，生产者（即内部员工）原先处于企业后台，互联网时代他们也理应成为品牌共创的核心。品牌和生产者们进行联动共创，有助于增强企业内部向心力与集体荣誉感，进而对外传播。

生产者，是企业当仁不让的代言人。始于 1921 年的“五芳斋”是全国首批中华老字号企业，主营食品制造和餐饮服务。2018 年，在劳动节来临之际，五芳斋官方微博以间隔 15 分钟、持续 24 小时的速度，连发 100 条微博致敬裹粽员工，祝全体五芳斋员工劳动节快乐，这既是对劳动者的礼赞，更是对自己企业员工的致敬。五芳斋还陆续推出过《最好和张改花在一起》和《张晓芳数米》等视频广告内容，展现自家裹粽员工的面貌，趣味化演绎品牌理念：除了美味之外，还产出人情味。

中国联通凭借与员工的共创，用“官方宅舞”成功解锁了 B 站的流量密码。2019 年 12 月，中国联通发布视频作品《联通姐妹花，猛男新宝岛》一炮而红，收获 34 万次播放量。随后，联通又以员工素人的出镜，频繁发布舞蹈类主题视频，粉丝数也直达 70 万个；“抖肩舞”火爆全网之时，联通又顺势推出了联通抖肩舞，连营业厅的保安大叔也参与其中。搞笑的表情和舞技，让这条视频获得了 200 万次播放量。通过翻跳和宅舞视频，中国联通成功摆脱了刻板严肃的印象，“联通小姐姐”们卖力营业，一跃成为 B 站内容的“领头羊”。

作为全网第一个在 B 站发布员工宅舞的企业官媒，中国联通的成功，带动了众多企业的效仿。不光通信企业，招商银行、国家电网、拼多多等的官方账号也紧跟潮流。事实上，联通在最初也并不懂如何讨 B 站年轻用户的欢心，它的账号和很多企业官方号一样，发的都是金融科普类视频。宅舞视频爆火后，它敏锐地找到了“员工共创”的内容“新大陆”，从此一路狂奔。

无论是五芳斋，还是中国联通，这两个案例都印证了一点，企业与内部员工共创，可以大大增强公众对品牌的信任度和好感度，也会在企业内部凝聚起更大的向心力。五芳斋把生产者故事推到台前，凸显企业的浓浓人情味。中国联通，把员工打造成 IP，更加强了人与人之间的情感连接。

3. 塑造者

塑造者是营销方案的主理者，往往由品牌营销公司或者广告公司担任，是共创大戏中的专案主管。

普通用户不会无缘无故使用企业的产品，也很少有用户会主动给产品提意见和参加活动，再加上创作还存在重重门槛。因此，品牌内容塑造者第一步要做的，就是要降低创作难度，准备好“诱饵”——共创内容的“种子”，并用最诱人的奖赏机制，吸引用户参与。

老乡鸡这个中式快餐品牌的快速崛起，离不开社交媒体的贡献，更离不开内容团队精心设计的“小诱饵”。在抖音上，他们找来一个形象较好的妹子到餐厅拍视频，吸引大批不爱做饭的单身男青年。在微博上，每天固定整点发“咯咯哒”，董事长直接发微博指责“你就是这样糊弄工作的?”又掀起一波热潮。

这些内容火爆的背后，其实是先让策划团队打好内容的“样板”，用提前设计好的“小诱饵”精准地吸引到每天忙到只能点外卖的职场青年们。同时，高频次地触达这批目标群体，让他们积极参与互动，最后，让品牌口碑在抖音、小红书、微博等各大平台全面开花。

从老乡鸡的案例可以看出，跟用户打成一片的品牌，才能走到用户的心里去。这样的运营模式，值得很多初创公司参考，因为它还有一个很大的好处，就是在预算有限的情况下，品牌方可以将内容制作的“重任”交给粉丝们来共同承担，只要做好“诱饵”，由少数人管理好分发平台即可。它能够快速引爆品牌，效果远远超过传统的市场投放。

诞生于1912年有百岁高龄的奥利奥饼干品牌，也通过共创不断丰富营销创意，重焕新生。2015年，奥利奥将品牌主张从“扭一扭，舔一舔，泡一泡”升级为“玩在一起奥利奥”（Play with OREO），全面启动“共创”式营销。品牌不只鼓励粉丝们通过扭、舔、泡、滚动、叠起来的方式把玩奥利奥，更邀请设计师或者消费者定制包装和口味。

2017年，奥利奥又在全球推出了一项口味创意（My Oreo Creation）大赛，鼓励粉丝在社交网络上大开脑洞，发布自己对饼干口味的创新想法，官方评审团根据“口味40%，创意30%，原创性 30%”的标准来打分。于是，爆米花、牛油果、樱桃可乐、黄油啤酒甚至培根等口味，纷纷加入网友的脑洞清单。

2018 年，在中国，奥利奥的广告代理公司推出“玩味星球”计划，也将新品口味的定义权完全交给粉丝。在“玩味星球”上，奥利奥提供了 20 种食材，通过不同搭配，消费者可以创造出多达 190 种不同口味的奥利奥饼干。最终得票第一的口味，将会被生产出来作为奥利奥的新口味正式发售。

广大网友在拿到新口味饼干以后，不仅对新口味大肆褒奖，更受其奇葩属性的启发，继续发明出多种 DIY 吃法。比如“用饼干当唱片”的音乐盒创意，一举成为新的爆款，把饼干放在音乐盒里，咬一口就可以换一首歌，这些吃法，在社交媒体上，由用户大量自发上传测评，由此形成传播裂变。

借助这些策划，奥利奥在经典的口味与色彩组合之外，又多了一个新的品牌标签“玩在一起”。这个标签，体现的正是“共创”精神，让消费者深入其中，和消费者黏在一起，让品牌持久地焕发生机。

4. 销售者

销售与市场，原本是企业的两大抓手，市场部门负责空中投放，就像空军；销售部门负责落地转化，就像陆军。而在“共创”理念的指导下，两者可以合二为一，传统的销售部门（陆军），也可以同时承担市场部（空军）的职能。这意味着企业营销组织上的线上线下融合，所有的渠道成员都将成为品牌传播者。

未来主流的营销组织，都应该承担双重职能，这不代表企业必须要重建销售队伍，而是要充分利用社交平台、社群等工具，让销售者与消费者建立直接联系，从品牌侧深度影响消费者。

就拿微信等社交软件来说，其实每一个销售者的朋友圈及个人社交账号，都可以成为品牌与客户的最佳接触点。微商或者B2B企业的销售人员，他们的朋友圈里都是一些老客户或者潜在客户。如果企业推出一款产品，这时候所有的销售员都改用统一的头像，用统一的口号，发一条同样的信息，就可以起到合力传播的作用。假设一名销售员有2000个好友，那么20位销售员就能影响到4万名受众。

在餐饮服务行业中，一线服务人员的状态对顾客影响极大，也影响着整个品牌的形象。但是从品牌方的角度，不容易直接识别出来员工对顾客的服务是否良好，也不容易激励员工提供更好的服务。国外餐饮行业的解决方式是小费，而海底捞采用的则是企业的服务文化。

知名餐饮品牌海底捞成立于1994年，是一家以经营川味火锅为主的连锁品牌。让它一举成名的，就是它的种种体贴到极致的服务。一进门，服务员全程引领入座；排队时间太长，先做个免费美甲，下个棋；一个人吃饭，安排超大号公仔陪伴；不想涮，只想吃，有人帮忙下菜；过生日，一群人围着给你唱生日歌；吃完饭，还给你打包一堆小零食。

就连情侣的分手场景，海底捞都会提供特别的礼遇。上海门店推出208元“分手套餐”，席间有店员为你合唱《分手快乐》，3天卖出20多万单。墨尔本的门店甚至为客人推出了“剧本杀”套餐。网络上，“千万别让海底捞知道你的生日”一时成为话题，就连海底捞的竞争对手“巴奴火锅”也一度利用这点来做营销，一度打出“服务不过度，样样有讲究”的口号。

海底捞不断打破着人们对服务极限的想象。这背后，依靠的是海底捞与众不同的销售理念与共创模式，每名店员都可以是企业的营销推广员。

从以上案例不难发现，现在的企业成员，既是品牌强有力的内容创作者，更可以成为内容本身。一线销售者也能直接参与品牌的建立与互动，对品牌就更有主人公意识，也能为消费者提供更独特的体验。可以说，在移动互联网时代，每一名销售成员都可以被看作意见领袖，每一位合格的销售人员都应该具有品牌共创的能力。

5. 传播者

传播是在共创过程中，用户与品牌的一种合作行为。传播者分为三种：品牌方、员工、用户。品牌方作为传播者，通过发布广告来传达理念；员工作为传播者，通过自身的行为方式传达企业精神；用户作为传播者，通过自己的体验来二次传播给他人。

在这三种传播方式中，最为重要的就是用户的“自传播”，因为它更具有说服力和真实性，更能够让品牌传达的理念落地，最后转化成为品牌价值。

移动社交媒体环境下的企业，要特别重视“自传播”的力量。自传播与传统营销中的被动传播、付费传播有很大不同，它无须花费企业成本，而是让消费者主动去分享传播内容。判断一个品牌或 IP 的核心价值，就是看它有没有产生自主传播势能，能不能成为消费者的谈资和“社交货币”，让他们愿意主动分享、传播。

在消费升级的大势中，“网红式”消费越来越多。“打卡”与“种草”分享，变成了整个消费过程的重点。它的背后，正是由于品牌对消费体验的过程进行了精心设计，持续提供新鲜话题，让某个产品或服务形成网红效应后，得以二次、三次传播，最终在网络上持续爆火。

2021 年开业的北京环球影城，一开业就掀起了“打卡”热潮。谁也没想到，影城内人气最高的“网红”，竟是来自变形金刚基地中的反派“威震天”，因其“话痨”“社交无敌症”吸引了众多网友围观分享。威震天特有的“怼天怼地”的风格，大大激发了游客们的创作热情，让很多游客自发制作各种视频段子在网上流传，而他们所拍的这些视频自然也就成了免费的广告。在各大社交平台上，都可以看到游客们争相与威震天的互动合影。许多网友去环球影城，只为一睹威震天的风采。游客们的主动传播，快速引爆了威震天与环球影城的热度，并“火出了圈”。

上海的茑屋书店于 2020 年低调开张，却以独特的理念与环境氛围俘获了众多消费者的芳心。它构筑起了一个“生活方式提案型书店”的逆袭，让约 2000 平方米的空间成为全新的艺术文化策源地。去茑屋书店拍照约会，成了都市年轻人在节假日的某种仪式，各种“打卡”“种草”的内容在社交平台上被广为传播，自然引来无数流量。正如茑屋书店创始人增田宗昭所说：“这里卖的不是书，而是生活提案。”

同样，有着早餐界“爱马仕”之称的桃园眷村，非常注重店面升级带给消费者的感受。它把店里的每个角落、每道风景、每件摆设，都转换成可以传播的元素，让消费者无论从哪个角度，都可以拍出好看的照片发在社交网络上。这一与时俱进的理念，意味着桃园眷村已经充分考虑到当代年轻人吃饭拍照的“刚需”。

很多人愿意为品牌溢价买单，甚至排队购买，只为体验一下传说中的“网红店”。茑屋书店和桃园眷村抓住了人们的这一心理，在体验过程中，高颜值的产品再加上设计感十足的店面风格，又能引发消费者拍照“打卡”，在朋友圈的点赞、吐槽或转发又能让品牌得到二次传播。这里，我们可以将发朋友圈的行为分解成：接收品牌传达的形象—认同品牌的理念—代替品牌方将理念传达给更多的人。

总之，好的产品与服务，在解决消费者的需求后，消费者就会自发地为品牌传播。顾客充当品牌传播的媒介，和品牌方一道共同推动了理念的传达和价值的创造。因为这种口碑的传播直接来源于消费者的亲力亲为，更直观、更真实，也能为品牌贡献更大的影响力。

6. 购买者

购买者，也就是消费者，是共创过程中必不可少的角色，他们直接决定了品牌营销的效果。作为品牌的目标对象，购买者的感受直接反映着品牌与产品的优劣。品牌加强和购买者之间的互动，可以更高效地了解用户的需求，提升用户口碑。

小米公司非常重视与购买者进行互动，并邀请它们参与共创。小米公司创始人雷军多次强调，参与感是小米公司的核心理念——“通过用户的参与感，小米来完成产品研发，来完成营销与推广，来完成对用户的服务”。作为中国最早重视粉丝文化的互联网企业，小米也是第一个把粉丝经济、参与感、社区营销等理念发扬光大的品牌。

时至今日，“参与感”已经成为互联网营销纲领与核心法则，这体现了小米对互联网时代信息组织结构巨变的敏锐觉察。

小米公司创建的初心，就是做一家能够让用户一起参与进来做产品的公司。雷军提出，不管小米公司未来能做多大，一定要把小米办成“像一个小餐馆一样，让用户参与，老板跟每个来吃饭的客人都是朋友”。“把用户当作朋友”的理念，聚拢了越来越多的年轻人，深刻地印证了“因为米粉，所以小米”这句话。

除此之外，小米公司还开发了一种叫作“橙色星期五”的互联网共创模式：（1）MIUI（小米专有的手机操作系统）每周都会更新，每周五下午都更新一个版本；（2）每周二，用户都可以提交使用过后的体验报告（根据反馈，对用户反馈优秀的员工还会获得“爆米花奖”）；（3）开放参与节点：除了工程代码编写部分，其他的产品需求、测试和发布都开放给用户参与；（4）设计互动形式：基于用户论坛的讨论，来收集需求；（5）用户口碑扩散：基于 MIUI 产品内部，创立鼓励和分享机制。

这一系列举措，让购买者可以更快捷地向小米反馈购买感受，提出自己的痛点与需求，同时和小米一起参与新产品开发，共创小米品牌的价值。社交媒体和品牌社区成为企业用户之间进行价值共创的重要数字场所。小米的用户，更像一个又一个的“兼职员工”，他们深度参与小米的设计和研发，不但能降本增效，而且能让小米为用户提供更满意的服务。这样的共创，真正实现了购买者和企业的双赢。

7. 使用者

使用者与购买者，大多数情况下是重合的。比如，汽车的购买者往往也是使用者。不过也存在购买者不是使用者的情况，比如奶粉等婴幼儿产品，父母是购买者，孩子是使用者；宠物用品，主人是购买者，宠物是使用者；在礼品选购中，购礼者与受礼者也不同。在这种情况下，我们需要将两者分开进行考虑。

品牌与使用者的共创，通常体现在产品价值链条的精准再设计，也就是“可定制化”上。这一点体现在品牌上，需要从使用者的角度来想问题，而使用者可以根据自己的想法，对这些产品进行价值的再创造。这个过程，企业不再是完成价值的单向传递，而是将产品价值传递给产品使用者，使用者借助品牌的定制化功能与内容，创造更有利于自身的体验。

在人们越来越崇尚个性定制的当下，各大品牌都在响应这样的需求。MINI Cooper 汽车品牌，就是定制模式的典型代表。作为宝马集团旗下的全球知名豪华小型汽车品牌，MINI Cooper 的汽车轮毂、车顶、后视镜、内饰、空调、大灯、扬声器等，包括车身组建的所有部分，都可以自行更换。车主可以选择自己中意的色彩和款式，把每一辆都设计成“独一无二”的珍藏版。这种由车主（使用者）自己来塑造、创造或定制的产品，满足了车主的个性化需求，会让车主更加珍惜，对其产生专属感。此类定制模式，体现了车企和汽车使用者之间的共创，如今被各大车企所效仿。

如今进入大数据时代，品牌与使用者的精准连接，不仅要有定制型产品，更要有定制型内容。

以抖音、快手等短视频平台为例，它们都会抓取使用者的关注内容，来推荐相关的视频。假如你平时关注健身、篮球运动方面比较多，这些平台就会给你多推送相关领域的视频。正因如此，每个人的抖音都是不一样的，都是经过大数据算法定制的。

同样，我们在购物 App（如淘宝、京东等）上选购商品时，每个人看到的首页广告图片也都是不同的，这是因为后台会根据我们日常使用的浏览数据，以及自身需求，生成相关推荐的版本。比如你最近浏览搜索了某个款式的服装，那么它就会推荐很多类似风格的服装和品牌，这样可以让使用者更容易发现自己满意的好物，并完成购买。这些应用类软件，都是在使用者的浏览痕迹基础上，建立画像，并根据使用者的习惯，来提供更加个性化的服务。

利用使用者自身喜好的做法，除了应用在 App 体验流程中，在广告投放中也发挥着巨大作用。在微信朋友圈广告里，腾讯和敦煌研究院曾于 2019 年联合推出“敦煌丝巾”这一刷屏级小程序。它让用户结合自身审美选择心仪的敦煌壁画图案，定制极具敦煌之美的丝巾，并可印上自己创作的诗词。这种互动形式调动起了用户的热情，吸引了大批网友参与其中，有超过 15 万幅丝巾作品被收录在数字展览馆。为了最大限度地满足消费者，“敦煌诗巾”还提供了“拔草”渠道，通过小程序，用户就能将原创作品轻松购入囊中。

在这个过程中，企业是价值的促进者与协助者，而原来的使用者，也变成了价值创造者的角色，并且与品牌方之间积极互动。商品的使用者不再只是使用者，而是与商品的生产者一起，参与整个商品生产的过程。从这个角度讲，生产者和使用者就实现了价值的共同创造。

案例精读：多维度的营销共创

1. 品牌和用户的共创：特斯拉、网易云音乐、王老吉

品牌与用户之间的共创，是目前主流的内容共创方式。企业不再是强势的传播者，而是将品牌信息融入消费者热衷的内容中，或者与消费者共同创造他们喜闻乐见的内容，并让内容流动到与消费者的各个沟通触点中。企业的内容战略必须以消费者为中心，发掘他们的痛点和需求，为他们带来价值，让他们在互动参与中，更乐意为企业的产品和服务买单。

特斯拉，全球最知名的电动汽车制造商，由“硅谷钢铁侠”埃隆·马斯克出任 CEO，实现了“零广告预算”，做到了行业顶流。2021 年至 2022 年，特斯拉的市值两次突破 1 万亿美元。在营销上，一向强调“不做广告、不请代言人”的特斯拉，却持续收获超高流量和曝光度。

除了产品因素，这一方面得益于马斯克在个人品牌上的打造，他不仅创造了永不停步、改变科技和商业世界的人设，还屡屡跨界客串“生活大爆炸”“钢铁侠”等流行综艺爆款。另一方面

则在于特斯拉十分善于与用户一起共创品牌。在初创时期，特斯拉放弃了请大牌明星代言的推广模式，而是通过马斯克的“朋友圈”来提升品牌势能，邀请政客、科技圈大佬和娱乐新贵作为自己的种子用户，借助他们扩大影响力。特斯拉最早 7 辆 Roadster 的车主，就包括了谷歌创始人拉里·佩奇和谢尔盖·布林，eBay 创始人杰夫·斯科尔等商界领袖。通过引爆核心用户所在的科技圈，特斯拉高端、创新的产品形象得以深入人心。

此外，特斯拉还重视通过平台和社群经营用户关系。用户通过品牌官网的专区，可以交流用车体验和困惑。在车友社群中，还可以直接参与各种车型的问答、用车问题咨询、吃喝玩乐的聚会。特斯拉的整体销量中，粉丝推荐产生的订单占据很大部分，自 2014 年启动的“Referral Program”（推荐奖励计划）进一步激发了用户驱动下产品销售裂变——曾有一位中国用户，在两个月内成功推销出 188 个订单。

作为零广告预算品牌，特斯拉更是深谙社交媒体上的 UGC 共创玩法，通过推特、脸书、谷歌及 Vimeo 等平台与消费者高频互动。特斯拉官网曾上线以粉丝小女孩的名字命名的广告 UGC 活动“Project Loveday”，此后用户自制特斯拉广告进行投稿，便成为常规操作；YouTube 上，特斯拉用户上传的自动驾驶视频，观看人数动辄达到千万级。

在国内，要论用户内容共创的成功先例，绝对绕不开网易云音乐。网易云音乐是一款由网易开发的音乐 App，主打发现和分享，2021 年在香港挂牌上市。一直以用户乐评为最大特色的网易云音乐，在 2017 年 3 月，将平台上的 85 条高赞歌曲评论，在杭州地铁 1 号线上做了一场刷屏级的“营销战役”。

在常规的广告中，文案内容是由企业或者品牌策划公司来输出，但是，网易云音乐这次将自家 App 上用户写的真实评论，用作品牌传播的主要内容。这些走心的句子，加上洋溢着红色的“乐评专列”，巧妙地淡化了品牌植入的突兀感，赋予了传播的温度和仪式感，使得早出晚归的上班族与创业奋斗者，在地铁车厢这样一个较为放松的地方，与品牌产生了共鸣。

网易云把用户的使用行为通过广告内容，又重新反馈到用户身上，而用户们的情感表达也重新注入品牌内核中，更加提升了网易云自身的形象，收获了高度的认同感。

异曲同工的是，作为一款面向全年龄段的短视频社区 App 抖音，也用共创的方法来丰富内容的创意。2021 年 12 月跨年夜前夕，抖音发布了一首官方歌曲——“抖音跨年主题曲”，由实力派歌手周深演唱。不同以往，歌曲中的每一句歌词，都是用户在抖音视频下的真实评论，MV 素材也是由千千万万的抖音用户所发布的视频剪辑而成。

歌曲用动人的旋律和贴切的“评论歌词”，带领观看者回顾了 2021 年每个人共同经历的美好生活。这一创新形式的跨年歌曲 MV，大大满足了用户的情感需求，也提升了用户对抖音品牌的认同感、归属感。这次与用户之间的共创，也呼应了抖音的品牌精神：“抖音，记录美好生活”。

同样为了配合新年节庆营销，国内知名凉茶品牌王老吉，曾推出过一款“百家姓图腾罐”，并在 2021 年 10 月完成此方案的商标注册。该姓氏罐依然延续王老吉的红色罐身和金色字体的经典包装，令人意想不到的是，王老吉使用了各种不同的姓氏来冠名“老吉”，其中有：张老吉、李老吉、胡老吉、谢老吉、郑老吉、冯老吉、郭老吉等“老吉”。在此基础上，还为“老吉”们设计了每个姓氏的专属图腾，并注释姓氏起源和相关名人，图腾设计凸显神秘感的同时，仿佛让人们看到了祖先们向天祈愿的场景。

王老吉推出的百家姓系列，为大众定制了近 110 款姓氏。消费者可以选择专属的姓氏来满足自身需求或赠送亲朋好友。百家姓罐身，巧妙地把产品进行了社交化、定制化与内涵化，为产品赋能，让凉茶销量暴增的同时，也增加了话题性，在网络引起强烈反响。

2. 品牌和员工的共创：丽思卡尔顿、麦当劳

企业的价值准则和文化观念，决定了企业的方向、思想和目标，对品牌的良性发展有着极大作用。一家企业的理念可以在建立之初确定，也可以在品牌的发展中，逐渐发掘并培育壮大。

未来企业必须拥有打破边界的能力，引发内部员工与外部用户共同参与。品牌和员工的共创，就是将企业的品牌、定位、价值诉求、经营理念有效地传播给内部所有岗位的员工，并让每个人都能收到同样的信息、感受到共同的使命，并进一步扩散开去。

总部设在美国的丽思卡尔顿酒店公司，如今已发展成为世界著名的顶级豪华酒店管理公司，自品牌诞生以来，狮头与皇冠徽标便一直标志着一种美丽传说般的盛情款客之道。丽思卡尔顿用精益求精的服务、尊贵奢华的设施一直在国际一流酒店中占据领先地位。它的成功还有一个重要的原因，那就是非常重视与员工

进行共创，将服务的黄金标准深度推行。

在丽思卡尔顿，全体员工人手一本类似品牌教材的手册，指导所有员工都要时时提醒自己遵循酒店的标准，热诚地为客人服务。这些标准包括“信条”“服务三步骤”“座右铭”“十二条服务理念”以及“员工承诺”。它们所反复强调的一点就是——“企业准则”。

这本简明手册确保丽思卡尔顿标准得以施行、企业精神得以传承，同时对员工进行礼仪礼节、传播方法、品牌理念的教育培训，让员工达成共识，利于员工进行精准高效的品牌理念传递。

丽思卡尔顿将酒店定义为“绅士淑女为绅士淑女创造美妙体验”的所在。丽思卡尔顿的员工早会，都是对观点进行讨论，对各种场景展开演练和创作。每当一间新丽思卡尔顿临近开业时，都会从各“姊妹”酒店抽调经验丰富的员工组成培训师团来全力协助。

在企业传达品牌理念的过程中，丽思卡尔顿把原本仅仅是接收理念的员工加入传播链条中，并将其作为相当重要的组成部分。我们不难看出这样的共创，企业与员工互惠互利，达到了共赢。

如今，类似这样与员工进行价值共创的理念越来越受到重视。许多公司都对其进行了效仿。

每年的“5·20”前后，都是麦当劳的全国招聘周。2022年的5月，麦当劳联合全国100位麦当劳员工，共同完成了一本名为《来吧，新番茄！》的趣味入职手册。据麦当劳介绍，每位新入职的员工都会被亲切地称为“新番茄”，不仅是因为番茄酱的缘故，更重要的是新鲜的番茄色泽鲜艳，代表着活力和无限可能。

手册发布 2 个月前，麦当劳面向全国餐厅员工征集“给新番茄的入职建议”，最终在几千条建议中筛选出了 100 位麦当劳员工分享的宝贵入职建议，并通过诙谐有趣的文字搭配创意插画，展示了麦当劳的企业文化和暖心的待客之道。配合这一动作，麦当劳更推出全新的学生青年人才培养项目，整合了麦当劳内部年轻员工发展项目以及与外部校企合作的项目。

正所谓：内无粉丝，外无品牌。任何企业的品牌工作都有一个由内而外的过程，如果企业内部管理者和员工事先无法就品牌形成一致的理解与共识，很难想象，这家企业可以准确地兑现顾客价值。品牌并不只是与销售部、市场部有关，而是和每名员工都息息相关，将品牌理念变成每一名员工的共识，可以助力品牌赢得更广阔的市场。

3. 品牌和品牌的共创：耐克、可口可乐、天猫

跨界共创、IP 联名，已经从新兴的品牌营销手段，变成一股势不可挡的潮流。针对大众碎片化的注意力，品牌往往需要通过外部内容资源吸引流量和话题。这种方式主要通过制造“陌生感”和“新奇感”，来吸引受众的注意力，进而形成新的营销卖点，最终起到两个品牌之间优势互补、互相背书及品牌 IP 相互渗透的作用。

但新问题随之而来，当品牌尝试内容合作，能否在内容中凸显自己，而不是替别人作嫁衣？这需要企业不只把内容合作看成单纯的流量业务，还要亲身投入内容共创，寻找内容与品牌的共鸣点，挖掘更多玩法，在更多消费触点、沟通渠道中放大内容影

响力，在跨界中讲好自己的品牌故事。

耐克作为世界一流运动品牌，其一举一动都备受瞩目。为了在体现品牌的运动专业度之外，向世人证明耐克巨大的潮流推动力，2018 年，耐克和 Off-White 主理人维吉尔·阿布洛（Virgil Abloh）联名合作了全新的系列鞋款，并将其命名为“THE TEN”。这个系列一经发售就在市场拥有很高的热度，成为当之无愧的“鞋圈之王”，获得了巨大的成功，“THE TEN”系列产品的面世，甚至使得球鞋圈彻底发生了改变。最直观的，就是促成了当下运动品牌与潮流品牌之间越来越多的联名。

除了耐克和 Off White 这样同品类品牌的联名共创，可口可乐公司更是将不同品类品牌之间的跨界联名，展现得淋漓尽致。从 2017 年至 2022 年，可口可乐在时尚界火力全开，竟联名了一票潮流时尚服装品牌，包括：太平鸟、马克华菲、KITH（纽约潮牌）、GU（优衣库“姊妹”品牌）等众多时尚品牌。通过大量跨品类的合作，可口可乐把“可口可乐 × 时尚”这一概念整合成强势文化，然后进行大力输出。本质上，就是在碳酸饮料品牌的内核中打入“时尚”的烙印，逐渐脱离了自身仅属于“饮料”的标签，延展到了更多元化的领域中。

异业之间的跨界合作，可以让品牌的触角深入更多的亚文化社群，也让品牌拥有了更多的可能性，增加了之前不曾有过的品牌色彩。不同种类的企业品牌之间相互借势、联合，创造了一种营销的新路径，把两方甚至多方的品牌理念融会贯通，激活了巨大能量。

更多国内的品牌，也开始把“格局打开”，放下竞争关系，与昔日的对手联袂共舞。2021 年的“6 · 18”，天猫就打造了“竞品 CP 们隔空喊话”的反向营销，收获一波共赢式流量盛宴。CP 即 Coupling，意即配对的意思。三只松鼠与百草味、力士与多芬、老板与方太、百威与科罗娜、梦龙与可爱多，难得地出现了五大品类、十个品牌同框对话的奇妙场景。竞品品牌以各种巧妙的形式，联手汇聚成“∞”符号。这个符号也是“6 · 18”的 8 字翻转而成，寓意竞品组合欢聚一起，就能为消费者带来无限可能和精彩。

又比如 2022 年在各大社交平台大火的“瑞幸咖啡与椰树椰汁联名款”的跨界案例，通过极具反差感的视觉冲突，制造社交话题，被称为“土潮”营销天花板。在椰树经典的包装设计中，加入了波普风、像素风元素，让土味风与时尚风对立融合。没有超级大创意和文案金句，却着实吸引了一波流量关注。不仅让椰树椰汁一举摆脱大众对其过去低俗营销的质疑，也让椰云拿铁成为瑞幸的全新爆品，成为一场造势顺势的双赢。

这些年来，进入营销界视野的，除了越来越多巧妙的广告手法，更有品牌与品牌之间的联结带来的创新气象，即当下热门的联名款式、联名活动、联名出品。随着品牌跨界营销趋势的发展，越来越多的企业在营销共创领域下足了功夫，达到了“1+1 > 2”的效果。跨界共创的幅度越大，所迸发出新的色彩就越丰富。事实上，品牌联名所带来的集合力和受众面越大，其交叠重合的用户反而会更加细化，营销也就更为精准。

放眼国际，共创理念早已深入人心。维基百科让所有人都能编辑百科全书，爱彼迎以在线社区形式让闲置房屋得到价值再利用，优步在线打车让出行更便利……科技与商业模式的创新，不仅革新了传统领域，还产生了全新的价值创造模式和全新的品牌体验。

随着数字时代的不断进化，更多的品牌投入了共创发展的潮流。未来，品牌共创的形式一定会更加互动化、多元化、定制化，并且发掘出更多可能性。

第六章

实战：品牌共通论，从战略到落地

六大真实案例，见证品牌共通论帮助企业从战略发展到营销落地的全过程。

CCTV 国家品牌计划：跨越国界的品牌原力

品牌共通论“四部曲”：发掘原力—打造爆品—开发符号—激活共创，看似简单，其实涵盖了“调研—战略—创意—传播—营销—数据反馈—用户增长”的完整周期，构成了一个可循环、可持续的体系。它所包含的，不只是营销过程中某个环节，而是对整个品牌价值链的思考，为品牌的成长提供策略逻辑与一体化解决方案。

“四部曲”中，尤以品牌的原力，也就是文化的共通力最为重要，它贯穿于整个品牌共通论的始终。因为，在夺目的外形之下，只有实现了文化的共通，才能成就真正的品牌，唤醒受众的隐秘情感。这是强势品牌秘而不宣的目标，也是品牌构建工作中的难点。

接下来，我将以我们团队为中央电视台（以下简称央视）“国家品牌计划”塑造平台品牌形象的案例，具体解读下品牌的共通力是如何炼成的。

当品牌承担起一个民族乃至国家的使命时，如何跨越国界，以一种全球都能理解的视觉语言，唤醒人类共通的情感，从而收获更为广泛的认同？这一高难度的命题，在项目前期，曾令众多设计团队望而止步，却让我意识到，这是一个前所未有的、验证品牌共通论的好机会。为此，我与团队一起花费大量时间研究、探索解决方案，并最终成功完成这一使命。

1. 起点：站在国家的战略高度看品牌

2016 年的新闻舆论工作座谈会，提出了推动中国制造向中国创造、中国产品向中国品牌转变的工作指示。作为国家级的媒体平台，央视自然责无旁贷，要承担起这项历史使命。

央视“国家品牌计划”将作为强有力的品牌背书和赋能，以资源政策扶助本土头部品牌入局全球一流品牌的序列。其实，“国家品牌计划”不仅是一个媒体计划，自身也应该成为一个品牌。只有这个平台品牌的势能提升上去，才能更好地为平台上的各个品牌赋能。那么，谁能承担这一重要平台的品牌塑造及推广任务？这相当考验团队的专业水准。事实上，仅品牌视觉设计这个环节就一再陷入僵局。

我们接手这个案子的时候，稍一梳理就认识到情况的棘手。品牌的本质是要降低认知成本，形式上要追求尽可能简洁、鲜明、令人印象深刻。但“国家品牌计划”承载了太多的内涵与期待，这样具有宏观意义的品牌，应该如何塑造？

作为“国家品牌计划”诞生的土壤，央视这一国家级传媒平台的内涵包罗万象。如何才能提炼出宝贵的品牌原力？如何保证品牌信息在与受众沟通的媒介触点中，鲜明、有效地呈现？如何让几十年积淀的品牌基因，与国际化视野和审美完美兼容？

提问是一切的开始，当太多难解的问题萦绕脑海，一场精彩的“战役”，也就拉开了序幕。

2. 发掘：驱动品牌势能的原力与民族精神

如今，当我们回顾央视“国家品牌计划”的形象设计与战略规划的过程时，仿佛经历了一次民族精神的寻根之旅。

如何找到“国家品牌计划”的原力？带着这样的问题，我与团队飞赴北京，与央视广告中心高层领导及项目核心成员多次交换看法。从项目背景、理念、市场现状，到国内外媒介发展趋势、品牌设计可能呈现的形态，包括色彩、字体等视觉符号方面的元素，进行调研访谈。

想让品牌原力初步现身，首要的任务，必须将视线聚焦到项目的发起者——央视，从她自身的资源与特色中，找到为项目赋能的超级优势：

CCTV，最具代表性的国家符号之一：身担国家战略，充满使命感，亦是世界认知中国的窗口。

央视，国家传媒龙头：最主流专业的媒体，最高水准的制作团队，最有影响力的传播渠道。

央视，最具公信力和影响力的平台：大国背书，权威认证，足以彰显品牌自信与成就。

一个与共和国一同成长的媒体，几十年的发展，见证一个国家发展的曲折历程，在几代人心里树立了不可撼动的权威和文化感，也创造了众多让世界瞩目的成就……因而，她所推出的品牌计划，具备天然优势，也必然是带着大国胸怀、世界眼光、时代使命与品质权威的。而这些，正是我们要寻找的 CCTV 不言自明、当之无愧的品牌原力！

品牌共通论认为，是原力驱动品牌的势能，带动品牌长远发展。

围绕“国家品牌计划”的原力设定，我们提炼出本次设计策略的三大关键词：公信力、全球化、包容性。随后，我与团队通过头脑风暴的方式，罗列出更多的灵感词语，作为进一步视觉发想的触发点。

第一组灵感词：媒体公信力

玉玺、徽章、华表、旗帜、五星、中国红、天安门、人民大会堂、万里长城、天坛、故宫、中国梦、荣誉、奖章、金牌、天平、日晷、时钟、印章、书法、龙图腾、龙的传人、实力、自信、信赖、赢家、珍品、国之重器、品牌背书、领袖气质

第二组灵感词：视野全球化

梦想、使命、国门、窗户、地球仪、太阳、月亮、银河系、和平鸽、彩虹、白云、翅膀、飞翔、肤色、笑容、拼图、

五大洲、太平洋、民族服饰、万家灯火、“一带一路”、文化使者、奥运五环、Made in China、中国智造、品牌复兴之旅、扬帆起航、放眼全球、国家地理、双语频道

第三组灵感词：平台包容性

央视大楼、央视标识、CCTV、红黑标准色、舞台、聚光灯、五行、太极、握手、光合作用、平衡之道、24 家入选企业、品牌培育者、大牌俱乐部、品牌故事会、媒体融合、变革力量、精准扶贫、黄金资源、财富、创意、亲和力、增值服务、共谋发展

基于团队共创发想出来并且还在不断延展的上百个灵感词，我们还需要再用一系列的问题，来审视它们的合理性：

（1）上面罗列的这些词语，有些是现成的视觉元素，有些是抽象的概念，如何进行统一的视觉转化？

（2）在全新标识设计中，如何结合央视已有的色彩及视觉体系，与这些品牌资产形成呼应？

（3）已经入选计划的企业品牌有哪些？在视觉传达上，如何让整个“国家品牌计划”的标识既能成为这些企业品牌的依托，又能达成和谐共生的关系？

（4）新标识和受众的接触点是哪些？它将来会在哪些场景中出现，如何实现理想化的传播效果？

（5）同类属性的标识还有哪些，它们有哪些共同特征？比如 G20 峰会、WTO 世贸组织、APEC 亚太经合组织、联合国等各类

国际组织与官方机构的标识。

3. 思考：唤醒千年华夏的文化情感

在品牌共通论的“四部曲”中，原力需要用符号将其表达出来。而在实际策划工作中，符号，正是来源于基于原力的灵感词来延展。两者前后呼应，互为印证。

前期所提炼的、用于视觉联想的灵感词，我们需要将其进一步转化成核心视觉符号，从而让受众所明确感知到“国家品牌计划”的品牌原力。这些符号需要彰显平台气度，蕴含国家特色，同时传承央视的视觉体系，让品牌形象深入受众记忆。那么，我们将如何实现它呢？

维度一：从中国古代标志性的图腾中寻找吗？

辅首衔环：中国传统元素，象征叩响品牌复兴之门。

玉玺：作为至高无上的信物，代表国家品牌计划的权威与信用。

祥龙环绕：“国字号”品牌，印证独一无二的荣耀。

这几款概念，源于文化图腾，辨识度高，有传统魅力，能够清晰传达中国文化的血脉，是公众对于中国元素的一贯认知。但是，经过反复思索后，我们并没有对这些设计思路做出完全的肯定。原因是这些元素过于厚重，所产生的关于古老中华的联想，与央视打造“国家品牌计划”的初衷不符。中国品牌，应输出具有时代气息的、对商业世界产生影响力的中国情怀。

维度二：如果用现代手法，提炼出简洁的符号呢？

我们从央视已有的视觉体系、建筑等素材中进行提炼。比如从极具识别度的 CCTV 央视大楼切入，楼体中间的空隙正好构成数字“1”，寓意首屈一指的媒体平台与国家品牌并驾齐驱。

从效果看，这一设计概念具有现代感，符合当代的商业审美。但同时，中国几千年文化的深厚土壤若是被放弃，那么这个“国家品牌计划”便失去了群体认同和情感支撑，成为苍白的口号。能否找到一种符号，能同时传达传统文化的厚度和面向未来的时代性呢？

经过团队废寝忘食的奋战，在反复的论证和尝试之后，终于，草稿纸上的一个形象让所有人眼前一亮：月亮！

从《诗经》《楚辞》到李杜诗句，中国人几千年隐秘的情感和共通的语言中，几乎都寄托着一轮明月。而放眼世界，当美国宇航员在月球迈出那一小步，全人类的兴奋犹在眼前。

月亮符号，是上天赐予的文化原力：她既是民族的也是世界的，表达着过去也预示着未来。她就像一个会说话的图像，其中有故乡、有回忆，也有梦想和探索！

当我们再次审视众多新生的中国品牌，岂不正像一轮新月，在逐步走向圆满的过程中，渐渐发光，照亮天宇。简洁、流畅的曲线，勾勒出新月造型，又创造性地赋予其代表品质和永恒的金色。

这一核心视觉给大家带来了惊喜：画面中的金色新月，正托着“国家品牌计划”六个字，让人联想到央视的使命，正是为优秀的国家品牌保驾护航，环抱、托举并助力它们成长（图 6–1）。

图 6-1 “国家品牌计划”核心视觉标识

2017 年年底，在 CCTV 央视大楼所召开的提报会议上，我们提报的数十稿作品中，这轮“金色新月”的视觉标识，被“国家品牌计划”负责人、中央电视台广告经营管理中心任学安主任一眼相中。在会议中，他对一系列设计方案高度认可，并当场拍板选定了这个“月亮”方案。记得当时他还兴致勃勃地提到，希望有一天从月球上看我们祖国的时候，不只有万里长城，还有这些新时代的中国品牌。

“国家品牌计划”的核心视觉，就此诞生。

带着央视提案会议的反馈，我们围绕这款“金色新月”图形，继续深化了整个视觉系统的设计，让它的视觉联想更加清晰：传承与梦想，品质和坚持，扶植和见证；同时也传递出“国家品牌计划”的全球视野、公益使命与商业价值（如图 6-2 所示）。

4. 成果：从业界到市场的强大回响

这轮“金色新月”，作为“国家品牌计划”的核心视觉，发布后引发了国内外媒体与业界的广泛关注与赞誉。2017—2018 年，

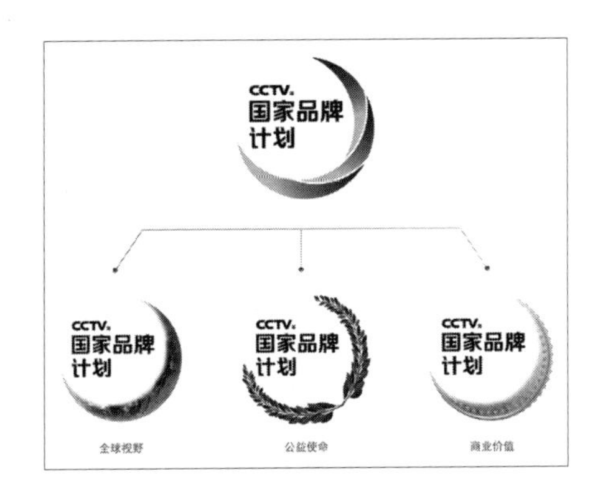

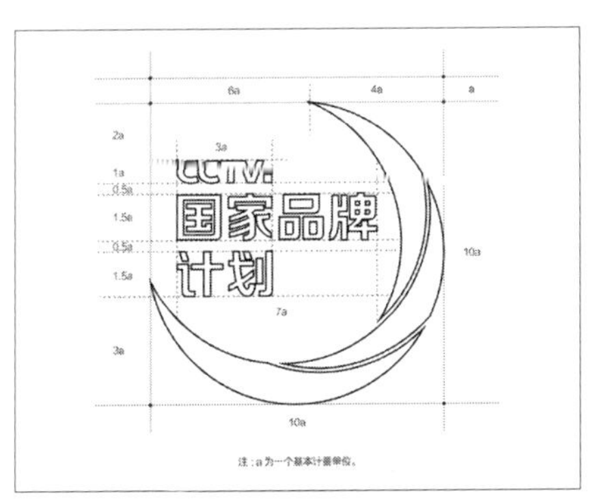

图 6-2 “国家品牌计划”核心视觉标识、阐释与细节设计图

中国各行业的头部品牌，在它们的广告显著位置，几乎无一例外地挂上了这轮醒目的“金色新月”。它和华为、格力、京东、海尔、青花郎等知名品牌联手，亮相于在北上广深各大城市的交通枢纽、商业地标媒体，以及人们的手机、平板与电脑上。

借助符号系统的表达，品牌原力呼之欲出，后面的工作便越发顺利。央视团队制作的宣传片，磅礴大气的背景下，以翱翔太空的宇航员视角，吹响中国国家品牌启程的号角。除了形象系统之外，我们还为该项目的整体战略规划和传播推广进行了全方位的专业支持。2018 年，品牌宝典、招商手册、形象广告相继推出，“国家品牌计划”成为当年营销界的热议话题（如图 6-3 所示）。

图 6-3 “国家品牌计划”品牌宝典、招商手册与形象广告

根据国内权威数据监测机构 CTR 的广告监测数据，入选“国家品牌计划”的品牌 5 个月内在央视播出硬广次数约 4500 次，品牌平均每天露出 30 次，触达 9.6 亿观众，广告总收视点达到 2500。入选企业的品牌广告播放量或点击量超过 300 亿次（如图 6-4 所示）。

图 6-4 入选“国家品牌计划”的品牌

根据国家统计局公布的数据，2017 年进入“国家品牌计划”的 24 个品牌产值超过 2016 年整体产值的 1%。众多品牌不仅在国内占有率获得显著提升，在国际市场上竞争力和影响力也在逐步扩大。

2018 年，“国家品牌设计”品牌视觉方案，荣获第 18 届 IAI 国际创享节品牌形象类金奖。正如品牌共通论的观点，具有文化原力的品牌，在设计的表象之下，投射出独特的商业与文化价值。它来源于历史的沉淀，依托于企业和产品，经过市场大潮检验后而越发生机勃发。

向世界亮出中国品牌“国家队”的名片，是“国家品牌计划”的梦想和胸怀。而具有世界影响力的品牌，无一不是带有强大共通力的品牌。

金一珠宝：时尚黄金品牌的快速崛起之路

2016 年，国内珠宝市场的日子，可谓异常惨淡。国家统计局数据表明：1 月至 11 月，国内珠宝市场销售总额同比下降 0.6%，不增反降。知名品牌周大福，各项指标跌幅创上市 5 年来最大纪录。有些公司甚至出现利润“腰斩”的状况。

如此低迷的市场时局下，以贵金属工艺品制造起家的金一文化（以下简称金一），异军突起，缔造了“从零到亿”的商业奇迹，占尽行业风头。

我们作为金一的品牌战略指导，全程参与和助力了这一珠宝品牌的强势崛起。我们作为品牌顾问提供给企业的，不是单一维度的节点工作，而是深入到行业与企业内部，与营销团队及生态伙伴一起去合力共创。对于金一这个项目，首要目标就是让市场快速接受这个全新的品牌。

以下我们将还原金一品牌的升级焕新之旅，帮各位读者清晰地了解品牌共通论的策略步骤。

1. 发掘原力：找准心智空隙，推广珠宝消费生活化

金一文化，成立于 2007 年 11 月，主营贵金属工艺品、珠宝首饰的研发设计、生产及销售等业务。一路走来，凭借资金、资源优势，金一的发展一路顺遂，拥有强大的企业实力做依托，先后入选 2008 年北京奥运会、2010 年上海世博会，成为各大赛事的贵金属类供应商和特许生产商。2014 年年初，金一在深圳上市，拓展多元化的经营模式。2015 年，金一市值突破 150 亿元。2016 年，开始正式进军黄金珠宝零售渠道。

虽然在贵金属经营领域，金一的地位显赫，但在黄金珠宝零售赛道，金一却是个完全没有 C 端资源（消费者）的“新手”。既缺知名度，又缺积累，即使手握头部资源，如果不能因势利导，根据市场现状找到突破口，依然会在激烈竞争中被取而代之。

品牌共通论提出：要想构建一个成功的品牌，不仅要朝外看，从已有的市场与受众心智中，找到区别于竞争对手的需求点，占领新的认知空位；更要朝内看，找到企业或者品牌自身的资源与优势。

我们的策划团队决定深入市场一线，收集行业的一手资料。短短 12 天时间里，我们兵分几路，跑遍上海、杭州、南京、哈尔滨以及广东等地，考察了宝庆、越王、张万福、JAFF（捷夫）

等黄金珠宝门店，对当地市场及消费者进行调研走访。

通过对市场及近百名消费者进行调研，我们发现：珠宝市场同质化严重，消费者的痛点集中于价格、服务及消费环境等方面。这些虽然都可作为品牌定位的机会点，但依然没有体现金一自身的优势，缺乏可以放大的品牌原力。

在纷繁复杂的调研结论背后，发掘消费者的集体潜意识，找到大众的共识需求，才是定位思考所要提炼的重点。

汇总所有的调研结果，我们发现，消费者对当下珠宝零售品牌的普遍感受是：滞后的设计感与消费者日益提高的审美水准之间的矛盾，产品宣传与实际购买体验之间存在的落差。他们希望：曾经高不可攀的珠宝消费，能够进入日常生活。总而言之，这是一种对更加平价、更加生活化的珠宝消费模式的期待。

我们又进行了黄金珠宝的品类分析，在已有的珠宝品牌中，有卡地亚、蒂芙尼之类的国际高端品牌，品牌自身极具号召力，品质精良，购物体验一流，但是价格高昂。同时，也有本土品牌，它们往往是传承百年的中华老字号，价格也还算亲民，但是品牌趋于传统，购物环境无法吸引年轻人。

在这两大品类之间，能真正进入年轻人生活、高品质的轻奢珠宝品牌，尚未诞生。从全国范围内望去，这类的珠宝产品几乎是空白。这，正是时代赋予金一的巨大机会。

金一完全有机会改变行业已有的高消费模式，让珠宝消费生活化，帮助更多的年轻一族提高生活品质，彰显个人魅力与风格。

我们认为，凡是伟大的企业与品牌，都有一个共同的使命，就是对既有生态和秩序的颠覆、变革与创新。正如苹果让科技生活化，颠覆了 IBM。H&M 让时装生活化，颠覆了传统时尚认知。宜家让家具生活化，颠覆了家具消费习惯。从这些颠覆传统商业模式的品牌案例中，可以发现，在高端消费领域进行“生活化变革”，是造就新一代零售品牌的重要途径。

回到金一本身，虽然它在贵金属特种经营领域，积累了雄厚的企业实力，但作为一个全新的珠宝品牌，显然无法与国内外知名品牌直面抗衡。金一的出路唯有一条，在借鉴已有本土黄金珠宝品牌和国外知名品牌发展路径的基础上，从产品设计和品牌定位上，实现创新与颠覆。

在对市场进行调研之后，我们为金一在奢侈品品牌与高端品牌的空隙中，找到独特的发展方向，同时也找到自我的原力——“珠宝生活化创领者”。平价、轻奢，由金一全新打造的零售品牌，为消费者提供贯穿生命周期的全品类、高性价比、具有情感价值的黄金珠宝产品。

这个品牌战略，准确地界定了金一的品类属性（黄金珠宝全品类），消费者利益属性（平价），以及风格属性（轻奢），同时，凸显金一“黄金珠宝全产业链”的独特优势，以“关爱”为品牌价值，为消费者提供便捷、舒适的体验。

品牌发展战略明确之后，金一的营销策略也更加坚定：不走高端路线，不提高消费门槛；不局限于某一品类和人群，不把市场做窄；主打轻奢零售，占据更多价格消费区间。

2. 符号塑造：建立专属视觉体系，放大品牌原力

找到金一的品牌原力之后，我们需要为其建立专属的视觉体

系。我们针对金一已有的品牌资产进行审计，并做了全方位的规划：

（1）品牌中文名称：目前的中文名称简单易识别，并不需要再去创造一个新的名称替代，只要将“金一文化”精简成“金一”，便可以契合消费市场的特征。

（2）品牌英文名称：调取企业已注册的“英文商标”名单并做分析，有两个已有的名称比较符合“金一”的中文寓意与发音，分别是“KINGONE”和“KINGEE”。“KINGONE”，前半部分“KING”译为“国王；王者”，后半部分“ONE”译为“第一；唯一”。“KINGEE”，前半部分是“王者”的意思，后半部分EE取“一”的谐音，虽然发音更贴近，但是因为“G-EE”的连读，也有可能造成另一种困扰。综合评定下来，还是第一个“KINGONE”更易于理解，且能呼应中文的意义联想。

（3）品牌专属字体设计：虽然“KINGONE”的寓意不错，但是落实到具体设计表现上，我们还是需要对字体造型进行细微处理。对于普通的消费者而言，如果单看“KINGONE”的英文，在视觉上，会不自觉地将它读成“KIN”和“GONE”（离去的、离开的），这就容易引发误解，也不利于品牌在国际市场上的推广。

经过反复斟酌，我们在两个单词之间增加了一个空格，并将“G”的笔画做了简化设计。最终，确定“KING ONE”为金一品牌的英文名称。

（4）视觉符号系统设计：根据金一的品牌定位，在形象设计上，需要摒弃掉那种传统的、高奢品牌尊贵而高冷的格调，体现出一种亲近、真诚、参与感。因此，我们选择以简洁的“字体标”形式，作为金一的核心品牌标志，体现出“金一”作为黄金珠宝生态品牌的包容性，既突出品牌辨识度，也加深市场对于品牌的印象。

在视觉符号系统上，我们还分别设计了金一专属纹样及辅助图形，作为品牌标志的延伸，在多种应用场景下，增强识别度与美观度（如图 6–5 所示）。

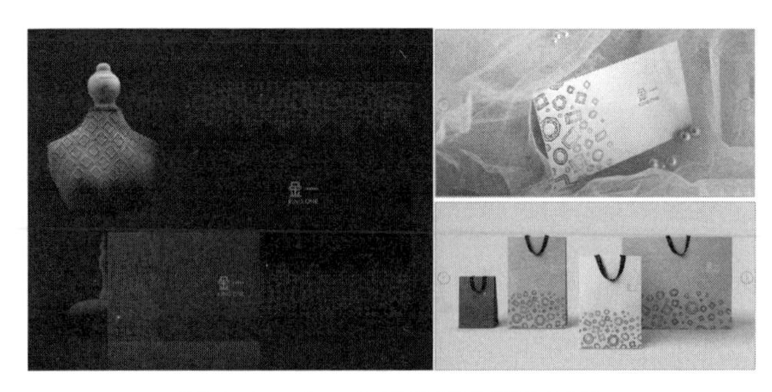

图 6–5　金一专属纹样及辅助图形

（5）品牌语言符号设计：品牌定位语。与单纯的广告口号不同，在一个全新品牌推向市场的早期，一句准确的品牌定位语，能够讲清楚“我是谁”，比叫喊式的口号重要得多。因此，我们选择从品牌定位语角度出发，为金一量身打造了品牌定位语，并与品牌标识以组合形式共同呈现（图 6–6）。

“黄金珠宝国民品牌”：自信满满、掷地有声的 8 个字，用最直接的描述，在消费者心智中将金一和“黄金珠宝”形成强关联，增强品类联想，又与其他同类产品形成明确区别。

图 6-6　金一品牌定位语

金一的平价策略，颠覆了黄金珠宝高消费模式，摆脱了单一特定消费场景，倡导让更多人通过珠宝消费，提高生活品质，彰显个人魅力。这才是真正平价化、时尚化、生活化的品牌。

3. 区域营销：7 天破亿，全城翻牌，用信任创造销量奇迹

品牌的顶层战略已经完善，接下来需要突破的，是落地营销的工作。

如何协助金一珠宝，将市场下沉到二线及三四线城市，并建设好自有渠道？作为新品牌，进入全国各地的新市场，如何用产品与销量，赢得消费者、渠道、合作方的信任？作为金一的品牌策划团队，我们要面对的同样是一场硬仗，这也是对前期品牌策划成果的快速检验。

品牌落地的首站，是素有“六朝古都”之称、长三角地区商贸与金融重点城市、江苏省省会——南京。打响南京市场“第一炮”，对其他区域市场有极大的样板价值。我们决定派精英团队入驻南京 3 个月，与当地金一营销人员并肩作战。

在南京，金一并购了当地知名的、综合性金银珠宝零售商“宝

庆尚品”。宝庆尚品作为百年连锁金店，拥有针对不同消费群体、不同品类的金银珠宝品种，既面向传统客户也面向中青年、时尚消费群体，且管理团队已积累的多品牌运营经验，对于金一来说极具市场指导意义。

深度分析了南京市场的现状之后，我们与金一营销团队达成共识，在短期内，重点突破两大现实目标：（1）更换宝庆尚品门店招牌为“金一”，实现品牌识别及资源的全面转移，从而快速占位南京乃至江苏市场；（2）面对即将到来的国庆黄金周，实现销售破亿元，为其他区域的合作者提振信心，打造示范效应。

如何在短时间内，建立南京消费者对金一的关注度与信任度？面对同行必争的十一黄金周，作为新晋品牌，如何突围，实现过亿的“小目标”？

一场换牌升级、启动南京珠宝生活化的战役即将拉开帷幕。我们的团队全程策划，整合资源，围绕南京的市场特点，将本次营销战役分为 3 个阶段：

阶段一：换牌。传达宝庆尚品与金一关系，提升金一在区域市场的知名度；建立基础消费群体的信心度与关注度，为后续营销做铺垫。

阶段二：破亿。通过异业合作、企业采购等方式，和消费市场共同蓄力，创造金一入驻南京后的首轮销售热潮。

阶段三：引爆。通过不同阶段的消费热点，推出全品类黄金珠宝产品，进行主题性营销。

三个阶段的传播，以事件、媒体、互动、门店现场等立体式开展，尽可能覆盖顾客一切触点。同时，配合相应的营销落地计划，最大程度释放金一品牌势能，并将势能转化为产品销量。

阶段一关键词：飞车党事件

预热阶段的首要任务，是提升金一品牌的认知度，让更多南京消费者关注老店翻牌，同时用事件性话题与年轻客群沟通，加强对这款黄金珠宝国民品牌的信任度。

怎样引起年轻人的关注呢？金一这次给消费者卖了个大关子！

营销的预热期，正值七夕情人节，金一以强大的媒体攻势，在江苏和南京的主流媒体，宣传品牌入驻的消息。另外，一场惊心动魄的“社会事件”正在酝酿中。

2016年8月27日，一群骑哈雷摩托的飞车党围堵了金一（原宝庆尚品）浦口二店店门，三名黑衣男子，匆匆进入店内。“难道是金店涉黑，导致刚开业就遭遇袭击？”很快，各种话题在南京市民的朋友圈里扩散。

但是，预想的暴力情节并未发生。哈雷车队随后沿商圈巡游，金一的品牌旗帜也随之出现在多个闹市区。傍晚，在群众围观下，一男子在飞车党簇拥下对到场女子下跪求婚。

惊险故事居然成了求婚场面！群众猝不及防被“喂了狗粮”，纷纷在朋友圈传播。同时，市民们发现，在各大直播平台、时尚大V公众号、城市公交车身等媒体，同时出现了金一的广告。多位网红在线直播，50个公众号发声，超1800人朋友圈传播，在线收看与阅读量累计超10万次……金一“翻牌”，从原本普通的金店开张成了社会热点话题。

飞车党事件引发的热点效应还未消退，金一再引热潮，相继赞助了南京“咪豆音乐节”及青春电影《七月与安生》。为期两天的咪豆音乐节，汇聚方大同、许美静、许巍等明星激情演出，30000 名观众嗨翻现场。作为珠宝行业唯一指定品牌赞助商，在60 次视频轮播、12 块广告板展示及多次现场互动下，金一珠宝获得南京年轻人的热情点赞，公众号增粉上万个。

阶段二关键词：7 天破亿

无论是事件、活动冠名还是媒体广宣，都为金一珠宝的落地做好了足够的铺垫，引发了广泛关注。但对品牌而言，短时间的热潮和关注是不够的。我们需要让品牌的价值观进一步深入人心，而发起公益事件，引发权威媒体为品牌背书，就是最佳途径。

于是，十一黄金周期间，金一联手南京公益组织发起了“知识换金”行动——捐赠图书换黄金。消费者可凭书籍，到金一门店换取纪念版金元宝。活动经江苏城市频道等电视媒体播报，通过地面、广播、户外、报纸、新媒体 KOL 全方位立体式报道攻势，迅速发酵。

黄金周 7 天内，为门店集聚了大量人气。极具创意的“黄金”二维码魔方，也成了新的网红“打卡点”。

金一成功的营销策略，极具杀伤力的价格，成功激发了消费者购买欲望。南京营销团队的全情投入，67 家门店、800 位员工全部动员，线下门店接待超过 50 万人次。再加上来自金一总部的鼎力支持，我们团队的倾力付出，200 万媒体触达，让金一珠宝在 2016 十一期间屡创销售奇迹。

黄金、钻石、镶嵌、珠宝……旗舰店单天销售额高达 800 万元，同比增长 180%，劲销货品 3.5 万件，销售黄金总重超 300 公斤！每一个数据都打破了历史纪录，但最重要的数据是：黄金周总销售金额达到 1.09 亿元，成功完成前期目标。金一，用醒目的数据，在南京黄金周一战成名，无愧“黄金珠宝国民品牌”的美誉。

阶段三关键词：持续引爆销量

在一系列营销与媒体攻势之后，“南京七天破亿，宝庆一夜换牌”取得了实质性的营销成果。国庆过后，我们趁热打铁，整合线上与线下媒体，双管齐下，以黄金周“销售破亿”“黄金饰品低至原料价”为话题，放大金一的热销盛况与话题性。同时，协助金一南京团队，启动双十一、圣诞、新年的营销策划。

金一品牌在南京的成功进驻，赢得了消费者的认可与信任，也极大鼓舞了其他城市的门店，积极推动了长沙张万福、哈尔滨捷夫、杭州越王等换牌工作的开展。

4. 爆品打造：时尚演绎文化，共创爆品效应

通过精心策划，我们协助金一在区域市场不断探索，度身定制包括促销、渠道与价格在内的各项执行策略。其实，让金一赢得消费者青睐的，还有一项关键因素——爆款产品的创新。

基于品牌共通论，金一在前期阶段已经构建起清晰的定位，找到国民品牌的使命。接下来，金一需要将企业资源禀赋与行业、社会的文化共性，融合为品牌原力，注入它的产品开发与设计

理念中，打造出具有时尚感、价值感、人文情感的黄金珠宝产品，让产品给人带来爱和喜悦的美好感受，成为消费者值得信赖和喜爱的珠宝品牌。

产品研发，以时尚演绎文化原力：以深厚的中国文化为载体，金一提炼出“让黄金讲述文化，让文化诠释黄金”的研发理念，将“国潮”元素融入产品设计，以匠心铸品牌。同时，融合前卫潮流工艺和时尚设计元素，赋予产品生机与活力。打造出不仅适合日常佩戴，更适合家族传承的黄金珠宝佳品。

基于金一全品类珠宝生态链的独特优势，将“情感”元素诉诸产品体系，开发出“亲缘”亲子、“侣行”情侣、“珠联碧合”等情感系列单品，为消费者提供了从出生、成年到结婚、年迈全生命周期的珠宝，让产品为顾客提供情感线索，讲述自己的生命故事。

爆品效应，吸引了更多明星参与共创。我们认为，要提升品牌的核心竞争力与号召力，不能单单依靠企业自身，而必须借助“共创”关系，让企业营销人员、员工、消费者，媒体、明星、KOL、KOC 等各种参与者一起参与进来，共同为品牌提升价值，才能驱动更广泛的影响力。

聚力明星效应，在共创的过程中，又打造新一轮的“爆品“。金一与时尚集团携手，启动“尚 · STYLE 星设计”项目，邀请多位人气明星担纲产品设计师，联手展现轻奢潮流生活。结合运动、休闲、时尚、清新、职场等不同风格调性，相继推出了当红明星参与设计的产品套系，打造独一无二的明星款式。金一子品牌“喜悦”，由北京奥运会奖牌设计师肖勇领衔开发，并推出专业团队设计的明星代言广告。

为了给消费者提供更多选择，金一结合全品类布局，开发出黄金、K 金、铂金、钻石、翡翠等各类产品，通过增加功能性、一款多戴的设计，迎合了消费者婚庆、宴会、生活、工作等不同场景佩搭的市场需求。

借助明星代言、娱乐营销、粉丝效应、新媒体传播等方式，金一创造“人气明星 + 人气同款 + 人气传播”的模式，进一步推动了金一“爆品”的销量与声量。

5. 品牌制高：央视赋能，让国民品牌真正深入人心

2016 年至 2017 年，如果说黄金珠宝市场依然处于寒冬，但对金一而言，却是收获与荣耀的季节。2016 年 11 月 8 日，央视 2017 年招标大会盛大举行。成立不到一年的金一珠宝，以绝对优势入围央视“国家品牌计划”，成为 2017 央视 TOP10 合作伙伴中唯一的黄金珠宝品牌，更一举拿下央视 3 个“标段王”，以高调姿态正式开启全国战略性布局（如图 6–7 所示）。

图 6–7　金一珠宝入围央视“国家品牌计划”

获得国家级平台的高度认可，标志着金一成功跻身顶级国民品牌行列。通过央视广告、全国卫视频道、公关输出、互联网传播等手段，金一黄金珠宝以崭新形象出现在全国消费者面前。

通过品牌升级，全国加盟连锁政策的完善，金一建立起完善的、标准化终端运营体系，从 B2B 业务延伸至大众消费市场，以三四线城市为基础，稳步拓展一二线城市市场。

2018 年，金一三度入围“2017 年度中国黄金珠宝销售收入十大企业”。作为国内黄金珠宝行业的领航品牌、国资企业，截至 2018 年，金一拥有 1000 多家终端门店，覆盖浙、苏、皖、豫、赣等国内近 30 个省份，遍布全国 186 个城市，逐步形成了覆盖全国的多元业务模式与企业经营体系。

2021 年，金一被指定为杭州 2022 年第 19 届亚运会徽章设计与特许制作商、北京 2022 年冬奥会与冬残奥会的特许零售商。作为黄金珠宝的全产业链品牌，金一的未来，不可限量。

从零到一，从一到亿，金一的商业奇迹，离不开企业自身的实力与奋斗。我跟团队有幸参与并见证了这个全新本土品牌在民族土壤中的快速成长，也完整验证了一个品牌全方位塑造和赋能的系统工程，从原力发掘、符号开发、营销推广到传播实战四步的全过程。

品牌共通论认为，一个优秀的民族品牌，只有真正扎根本土，与目标人群建立价值共创的关系，它的生命力才能得以长久延续。从认知到信任的跨越，就是栽种和培育的过程。这个过程，需要营销顾问机构的专业实力，更需要对待专业的诚意与执着。

UPM 芬欧汇川：全球纸业品牌发力中国市场

2021 年 3 月，全球造纸领军企业 UPM 芬欧汇川，在中国三亚汇聚 200 多名伙伴与嘉宾，盛大发布新一代“国风”系列复印纸——UPM 锦语、UPM 尽彩。同步推出 UPM 特种纸全新品牌口号“成就卓越，自然出众”。这句口号与两款新品商标命名，均由我们团队倾心策划。

从 2008 年至今，我们与 UPM 携手走过十余载。国际范儿的“北欧女神”，如何变心系环保的“亚洲女郎”，让我们回顾 UPM 在中国本土市场砥砺前行的发展过程，看看品牌共通论如何从“发掘原力—打造爆品—开发符号—激活共创”四个维度，引领大型国际企业进行品牌革新。

1. 发掘企业原力，用中文巧传全球战略

作为 UPM 在中国本土市场的重要营销伙伴，我们助力 UPM 全程打造强势品牌。从品牌战略到营销传播，为 UPM 的成长积累了深厚的品牌资产。

UPM（芬欧汇川）集团，是世界领先的跨国森林工业集团，已有百年发展历史，总部位于芬兰赫尔辛基。作为世界第三大纸和纸制品生产商，年销售额超百亿欧元，生产企业遍及 16 个国家和地区。集团核心产品主要包括：杂志纸、文化纸、特种纸以及标签，林业、能源等。在刚过去的 100 年历史中，凡是跟森林、造纸相关的行业，UPM 几乎都有涉足。

2009年，UPM率先提出具有前瞻性的全球战略愿景，提出要成为新型森林工业的引领者——“The Biofore Company”，通过成本领先、灵活应变和引领创新来重新塑造市场。“Biofore”这个词的含义，通过可再生和可循环利用材料，以更少资源创造更多价值，描述了芬欧汇川业务的发展趋势，传递了生物、森林、创新的理念。

为了让这一战略口号在中文地区与市场进行更好地传播，芬欧汇川邀请我们团队为“Biofore”进行中文版的策划。

当我们接手这一工作后，发现这不仅是一个单纯口号的工作，它涉及如何表达一个工业品企业的品牌原力，并用中文对其进行放大的过程；不仅要让同行业、政府、媒体、合作伙伴理解，更要让行业外的市场人群也接收到这个理念，而且能够记住。

通过研读UPM提供的背景资料，我们很快发现了一个问题，“Biofore”这个单词是UPM总部自创的一个新词，不仅中国人不认识，对外国人而言也是全新而陌生的。通过在网上查找大量相关信息，我们最终明确了“Biofore”所要表达的意思，单词前后两个词根——“bio”“fore”其实来自两个单词，重新组合后，寓意着生物（Biology）和森林（Forest）的结合。

如果将这个单词拆开，它其实表达了两层意思，前半段“bio”，是指UPM在生产中将运用全新的创新材料如生物材料、生物燃料、生化药剂和复合材料。后半段“fore”，是指UPM在运作中将通过新型技术如碳足迹、水和能源使用、回收技术等来实现对自然环境最小化的影响。

“Biofore Strategy”是UPM集团的全球战略，这是一个富有前瞻性的概念，其实也是 UPM 发展至今的品牌原力，是其向合作伙伴及消费者做出的品牌承诺。它的目标是整合生物科技与森林工业，使用更少的石油原料与自然资源，促进一个可持续的明天。

基于以上认知，我们团队提交了多个方向的创意方案。经过与客户的多轮会议，包括与 UPM 芬兰总部的沟通之后，UPM 集团中文战略口号最终选定为“绿尽其能，森领未来”。

在这句口号中，起首的“绿”字代表着 UPM 绿色企业的形象，同时，它也与效率的“率”同音，意味着“Biofore”将更有效率地利用森林资源。“尽其能”，一方面表示“Biofore”的基本含义：物尽其用，实现能源的最大价值与利用率；另一方面也传递出 UPM 企业的使命感和社会责任感：尽自己所能，努力改善能源问题。

“森领未来”，谐音“森林”与未来，既寓意了 UPM 企业的发展根基深植于森林工业，又宣告了“可持续发展”理念是大势所趋，是企业与社会的共同战略；这里的“领”字，有领先之意，指的是 UPM 从过去到未来，不管是创新的 Biofore 理念，还是先进的造纸技术，始终处于行业的领导地位。

2018 年 11 月，UPM 芬欧汇川举办在华 20 周年庆典仪式，我们团队再次为其策划全新升级版品牌口号——“森领未来，创想无限（Biofore Beyond Fossils）”（图 6–8）。

图 6–8 UPM 升级版品牌口号

这句口号在 2018 年上海国际进口博览会正式亮相，旨在揭示 UPM 致力于坚守绿色环保的企业理念，清晰传递出 UPM 作为全球纸业领导者的决心与信心，同时为配合联合国可持续发展目标，提供了强有力的支持，发挥积极影响。作为 UPM 集团 2030 年宏伟责任目标，这一理念将指引着公司的每一项行动，向着“超越传统能源”的未来不断奋进，与联合国一起共创美好未来。

2. 开发强力符号，链接本土市场需求

UPM 芬欧汇川自 1998 年进入中国市场，多年专注于建设渠道、经销商体系以及工厂生产管理，在品牌传播与广告宣传上非常低调。视觉风格一直沿用的是来自 UPM 总部统一的品牌风格：严谨、简洁、大面积留白，强调绿色环保理念。

在中国，这种简洁、理性的品牌风格却遭到市场的冷遇。在纸业销售渠道的激烈竞争中，对手们的表现异常活跃，如“Double A”（达伯埃，泰国品牌）将办公用纸作为快消品来打造，以幽默、夸张的广告风格与终端用户沟通，广受欢迎。相比之下，UPM 的广告就显得过于理性和高冷，难以引起关注，难以吸引目标人群更深入地了解产品。

2008 年，我们团队与 UPM 展开合作，在遵循 UPM 集团 VI 视觉识别系统的前提下，面向中国市场与消费者的审美习惯，做了本土化的探索与演绎。

针对面向办公人员的复印纸产品“佳印”系列，为其定制与品牌名称关联度更高的口号“佳选好纸，印象为先”。同时选用华人模特（亚洲人的面孔）来拍摄图片，针对公司职员、经理、

管理层的不同办公需求，在四种不同商务场景中，表现办公用纸的不同价值。

针对发布在印刷行业媒体、面向采购人员的UPM印刷用纸，我们团队创作了多款突破常规的创意。广告画面中，跆拳道武士一脚“踩碎”杂志下方的桌面，强化“UPM雅光铜版纸”为商业杂志呈现出非同寻常的震撼画质。另一幅“龙虾”图片旁，摆上真实的西餐刀具，也印证了“UPM优光铜版纸”秀色可餐。

针对产品包装，我们也做了很多突破性的创新，为UPM“激彩”系列激光打印纸，设计了炫彩、亮丽的外包装，获得销售渠道的一致好评。

历经多年合作，我们为UPM打造了更符合中国本土市场的传播符号，所策划多项主题口号及产品命名，既保持UPM原有的企业理念与品牌格调，也追求与当下时代语境契合的表达。

2021年，我们为UPM特种纸策划全新主题口号——“成就卓越，自然出众（Special by Nature）”，同时策划了两款最新的复印纸商标——“锦语”“尽彩”，在UPM客户日盛典上正式发布。这两款新品命名方案，既体现了UPM“源自北欧”的卓越品质，又与当下“国潮风”的热度相呼应，展露东方美学的意境。

复印纸“锦语”，以中华文化为底蕴，蕴含“锦跃方寸，语汇万千”，是我们为UPM策划的国风领潮之作。“锦”字寓意之一为“锦书”，代表着客户对重要文字内容的珍贵记录；寓意之二为“锦鲤”，象征着好运与希望的承载。在包装设计上，中国红的主色调，辅以“牡丹、银杏、锦鲤”等元素点缀，尽显美感。

复印纸“尽彩”，以“向上绽放，尽彩演绎”为设计理念，旨在突出高品质复印纸，将为客户带来自由挥洒创意的可靠载体。在包装设计上，“尽彩”也延续了这一品牌的显著特点，充满生机的底色，辅以绽放植物为点缀，象征着尽彩卓越灵动的打印效果，让创意跃然纸上。

多样化的功能和独特的设计风格，满足了客户多元化、个性化的消费需求。一系列新品的成功诞生，是我们与 UPM 联袂打造、深耕中国市场后的水到渠成。

3. 策划爆品营销，从北欧高冷范到热卖电商

品牌顾问的工作，不仅在于构建品牌战略，还需要协助客户进行爆品的打造，助力企业突破传统营销，在电商等各种新平台模式上，不断找到新的商机。

随着中国市场的高速成长，特种纸纸业的规模以每年 4%~5% 的速度快速增长。一方面，电商与自媒体平台的发展与革新，催生了新的消费习惯；另一方面，大量优秀初创企业的涌现，扩大了办公用纸的需求，尤其是复印纸产品迎来新的机会点。

我们决定利用这个契机，协助 UPM 整合线上新零售模式，满足不断增长的消费者需求。

当我们进行产品品牌策划时，有一项重要的前期工作，是对该产品所属的行业及竞品进行深度研究。在对京东、天猫以及多个电商平台上各大复印纸销售情况进行摸底之后，我们发现，A4 纸品牌的营销方式偏传统，普遍存在三个问题：（1）由于纸张原料、工艺、功能均高度同质化，产品卖点描述方式单一；（2）缺乏活跃的互联网属性，文案风格枯燥，不利于消费者理解

与二次传播；（3）品牌自身风格模糊，过分强调性价比，无法形成个性认知与品牌溢价。

对比 A4 纸营销方式的单调，在 2016 年微博等社交媒体上，有一个与纸相关的话题格外吸引注意力，那就是“A4 腰”。由网红、女星带头上传“把 A4 纸放在腰间”的照片，显示窈窕身材，于是很多网友也开始效仿，把自己拍的照片发布在朋友圈，引来赞美或吐槽。一时间“A4 腰”成为热搜话题。

提到来自北欧的 UPM 纸，很多国内消费者第一印象会觉得昂贵、高级，大企业专用。为了打破这种固有的刻板印象，UPM 在互联网、电商渠道中的品牌形象塑造工作迫在眉睫。

如何让 UPM 复印纸也变得时尚起来？要想让 UPM 成为 A4 纸里的“网红”，必须要在营销的内容中增加网感，增加社交话题。在营销思考上，不应局限在电商产品促销本身，而应该基于品牌共通论中爆品打造的方法，从产品颜值、个性化语言等展开全方位规划，结合电商平台的特征再作推广。

我们针对 UPM 复印纸的现有产品架构，从顶层战略高度进行了梳理。UPM 旗下共有佳印、欣乐、益思等 13 款不同子品牌，因此，在规划上，需要根据系列产品的不同档次、价位以及消费人群的特点，提炼出各自的优势，并为它们提炼出专属的营销卖点。同时，为 UPM 每个纸品系列打造与之契合的传播主题，围绕主题，结合产品个性，进行内容创作（图 6–9）。

当策划思路打开，创意就变得格外自由，产品个性也就呼之欲出。在京东平台上，UPM 红益思复印纸，成为首轮亮相的爆品。主打口号“进击的色彩”，呼应产品英文名“YES”的自信

产品系列	品牌	关键词	个性内涵
佳印系列	卓越佳印	专业品质 缔造不凡	领袖气质
	经典佳印		匠心精神
	世纪佳印		锐意商务
	佳印		环保先锋
欣乐系列	黄欣乐	复制快乐 阳光办公	乐观主义，阳光心情
益思系列	红益思	精彩尽现 就是 Yes	进击的色彩
	橙益思		时尚“橙”功学
未来系列	蓝未来	创新办公 共赢未来	科技
	橙未来		高效
奥友系列	黄奥友	北欧森林系， 简约欧洲范	简约派
	绿奥友		暖男
单品	新好 SOHO	平价优选	“新”心相映，“好”纸相伴
	好顺		工作顺，事事顺

图 6-9　UPM 现有产品结构梳理

语气；口红、手包、高跟鞋，鲜艳的视觉元素，彰显品牌热烈的个性，也呼应了产品的目标客群——职场女性追求事业成功的积极心态。这套设计，打破了在消费者心目中 A4 纸固有形象，让 UPM 品牌个性顿时变得更为年轻、鲜活。

在电商页面设计风格上，遵循“少即是多”的设计理念，选择针对目标女性人群的元素成为画面主导，缩小了详情页中纸品展示比重，着重强化产品的品质与调性。红益思系列，以夺目的色彩和时尚元素作为独特记忆点。经典佳印系列，选择高精度测量工具游标卡尺为主元素，传递匠心精神。

在网络传播策略上，我们协助 UPM 一改传统风格，推出了一系列大胆的话题营销，深度植入社交基因。在电商页面的广告语与详情页文案中，结合当时的网络流行的热词进行创作，比如“世界那么大，我想去看看”，根据明星金句改编的“经得住考验，担得起夸赞”，拉近品牌与年轻受众之间的距离。

UPM 旗下“桃欣乐”复印纸上市之际，正值国庆后，临近“双 11”的电商旺季，我们以“桃色事件”作为策划主题，一鸣惊人。“节后第一天上班，公司里就爆出了‘桃色事件’?”‘桃色新闻’波及京东，大事件一触即发!”当“吃瓜群众”点击文章、想要一探究竟的时候，才发现，此处的“桃色”原来指的是这款“桃欣乐”复印纸的名字，以及它精美的桃红色外包装。借助这一波话题，为在京东商城全新上线的桃欣乐复印纸引来全网流量，吸粉无数，快速出圈。

作为专业的品牌顾问，不仅为企业产品寻找定位与包装卖点，更需要在策划中不断发现产品的自身的优势，并将其表达出来，与客户联手打造出真正的爆品。

在产品调研与卖点提炼过程中，我们发现：复印纸的用户中，有大量的办公室行政文员，而在这其中占多数的又是职场女性，她们特别在意纸张的辐射性对于健康的影响，比如孕产期的女性，就会格外关注身边环境中的辐射源。

而 UPM“桃欣乐”复印纸，不仅通过各项安全测试，更通过了严苛的国际 FDA 食品接触测试。我们认为，这是一个强有力的销售爆点，安全无害且得到认证，这可以让桃欣乐与其他纸品形成明显区隔，同时解除女性用户的担忧。

于是，我们为桃欣乐策划了全新口号：一款可以“吃”的纸，让准妈妈爱上打印。

吸睛的话题、独特的卖点，让桃欣乐成为办公室人群中的热门“谈资”。时尚的包装、丰富的促销政策，更让众多企业的行政采购人员争相下单。借“火拼双十一”之战，桃欣乐成功完成上市亮相，为 UPM 品牌在电商平台赢得高口碑。

4. 营销共创落地，紧密连接合作伙伴

在与 B2B 企业的合作中，与核心客户的关系维护，是不可或缺的重要营销动作。像 UPM 这样的大型企业，每年都需要邀请重要经销商或客户参与“UPM Customer Day”活动（UPM 客户日）。这类营销会议，通常在各种风景秀美的城市或景点区域举办，让来宾切身感受到 UPM 的品牌温度。

作为每年的常规活动，如何做出不同新意？在主题活动中，如何既能兼顾客户体验，又要制造热点话题？面对新老客户，如何高效传递 UPM 企业文化，坚定客户联手共赢的信念？

实现这一系列目标，需要的正是品牌共通论中的第四步：共创思维。我们与 UPM 市场团队在一起，共同探讨营销主题及要求，定制活动体验方案。从物料准备到流程策划，从活动执行到微信运营，我们全程参与指导助力。在三亚、香港、东京的多场营销会议，取得了圆满成功，给参与者留下深刻印象。

海南三亚的 UPM 客户日策划，整合三亚当地优质的旅游资源，在美景、美食中寻找亮点。通过前期走访与调研后，我们发现，帆船运动是当地炙手可热的体验项目。如果企业主办方与客户离开陆地、来到海洋中一起角逐竞赛，置身于海天一色的美景中，肯定比会议室内的沟通更能加深彼此的情谊。

我们提议，客户日主题设定为“海阔天空，纸愿同行”。在为期三天的活动中，激情澎湃的帆船体验、民族风情的接机仪式、热情洋溢的晚宴欢唱、妙趣横生的颁奖典礼，完美地融入每一个

环节。晚宴中还特别增添了一个惊喜环节，UPM 的中外管理、销售团队与所有来宾一起合唱，“一张纸，一辈子，一生情，一杯酒”，恰如主办方与嘉宾共同的心声，将活动气氛推向了高潮。

在蓝天碧海之中，企业与合作者巩固了彼此的伙伴关系。景与人和谐共生，更符合 UPM 品牌理念，以及与合作者共同的愿望：携手为未来的中国纸业做出更大贡献。

在共创理念的指导下，我们与 UPM 的市场团队在新媒体平台上，持续发力，共同策划在当时造纸行业领先的微信公众号平台，创建市场先发优势。官方微信号“芬欧汇川”，于中国传统佳节中秋正式上线。

我们从零开始进行全程规划 UPM 品牌官方微信平台，从定位、命名、人设、菜单栏、问候语、发布计划等。同时，我们还特别设计了“呆萌小 U”的卡通代言人，开发系列表情包与客户互动。既呈现了 UPM 企业的高格调，提高品牌在公众中的信任感，又加强了互动性，有趣有料，吸纳更多年轻粉丝。

回溯全球纸业领军品牌 UPM 的中国之路，正如“森领未来”的承诺，UPM 芬欧汇川，作为联合国全球契约倡议成员与先锋公司，不仅具有国际化的视野与品质标准，同时，对于中国文化的重视及时代热潮的洞察，更是始终贯穿于品牌发展的始终。

作为 UPM 品牌战略伙伴，在品牌共通论的指导下，我们将 UPM 品牌原力发扬光大，为品牌长期发展打下坚实的基础。2021 年 1 月，UPM 九度加冕，再获“中国杰出雇主”殊荣，再次验证 UPM 中国本土化的成功。这是企业与合作伙伴通力合作的成果，也是品牌与消费者共创、共生的最佳见证。

金昌集团：从百亿房企到品质城市服务商升级之旅

金昌集团（包括浙江金昌集团、上海金昌控股、浙江金昌启亚等 80 多家企业，以下简称金昌）成立于 1993 年，以绍兴为事业起点，布局全国，业务版图逐渐扩展至浙江、北京、广西、山东、上海等地。金昌深耕绍兴近三十载，砥砺前行，现已发展成为广受瞩目的大型百亿级企业。

在不断推动高品质城市化进程中，新一代掌门人潘栋民先生，以多元化经营战略再造金昌，从传统房地产企业转型，成为“地产开发 + 民生服务 + 金融投资”并举的城市综合服务商。同时，以更加开阔的国际化视野，积极拓展业务版图，开启了金昌的转型升级之路。

2017 年，金昌邀请我们公司全面指导金昌集团品牌升级规划。当时，金昌发展进入新的历程，集团确定发展重心从传统的房地产业务，转型成“地产开发 + 民生服务 + 金融投资”并举，顺应了市场发展趋势，开展多元化发展战略，扩展为房产、物业、商管、健康、教育、投资六大板块综合体。

多元化的经营战略，也对金昌的品牌体系提出了更高的要求，既有的品牌战略需要重新规划，品牌架构也亟须升级。

为了全面助力金昌集团品牌升级的需求，我们为本次工作设定目标：设定全新的集团品牌战略，重塑品牌定位，全面提升品牌能见度；系统梳理母公司与子板块的关系，建立科学的品牌架构；打造具有前瞻性的品牌视觉符号系统；拓宽传播渠道，共创金昌品牌价值。

结合品牌共通论的指导，我们的工作分为“发掘原力、打造爆品、开发符号、激活共创”四大步骤，并以深度调研为起点，对本次金昌品牌升级之旅做逐层推进。

1. 发掘品牌原力，构建高维价值

重塑金昌集团品牌价值的第一步，是对品牌资产进行细致梳理，深入发掘品牌原力。这一步，将通过大量的调研工作，深刻洞察企业的核心竞争力。追根溯源，找到企业品牌独有的资源优势及所存在的问题，才能真正打通品牌的升级之路。

为此，我们深入金昌企业内部，展开一场由内而外的品牌调研工作。在调研过程中，我带领策划团队与金昌领导层，集团旗下的房产、物业、商管、教育、健康、投资六大板块负责人，以及其他职能部门进行了深度沟通。此外，我们在金昌协助下，还邀请到房产、教育、商管等板块的客户做调研，并进行网络资料收集与门店走访。

通过调研分析，我们得出以下三大维度的评价。

维度一：金昌拥有得天独厚的历史条件与地域优势

六大板块产业联动发展，实现从地产企业到城市综合服务商的转型，战略目标规划明确。自有产业链条较完整，如金昌开发的房产，可配套金昌物业、幼儿园及早教、养老院等，而这些配套设施及服务，同时也能提升地产的项目价值，相互借力。

历史悠久。金昌在绍兴深耕近 30 年，房产龙头地位稳固。

金昌地产的产品品质好，品牌基础扎实，知名度高，公信力很强。这一点，为教育、投资、金融事业等其他板块的发展，提供了强有力的背书与资源保障。

地缘优势。金昌作为绍兴土生土长的品牌，一方面，它熟悉当地市场和客户，了解绍兴人的口味与文化。绍兴人勤劳能干，藏富于民，在买房、投资方面却十分舍得花钱。而外来的开发商企业在绍兴并未实现深耕，开发完项目经常有遗留问题无人响应。

客群基础深、消费力强。优质的业主群体（又称“金粉”），包括 3 万户家庭、10 万名业主。由于金昌地产的中高端定位，从产品规划、户型、配套等多方面具有开创性理念，深得客户认同，尤以绍兴柯桥地区的轻纺产业老板居多。这批高净值客户，为金昌的业务扩围打下了良好基础。

客户评价高、口碑好。“在绍兴，你可以永远相信金昌”，“本地企业，跑不掉”。有了金昌房产品牌的背书，大多目标用户都表示会关注金昌的其他产业，有需求时会重点考虑金昌旗下的各大子品牌。

维度二：宏观环境与自身短板

宏观环境。地产市场受国家政策、经济环境、消费习惯等影响较大，随着城镇化建设进程，房产行业整合并购加速，去芜存菁，行业更加规范。绍兴房产行业竞争激烈，市场稳中有升。

区域限制与业务板块局限。金昌品牌知名度高，但局限在绍兴地域与地产板块。在目标用户看来，金昌的地产属性深入人心，但在其他板块开展的业务却鲜为人知。

优秀人才缺乏。在企业内部，优秀管理人员比较缺乏，在公司转型发展时期，不同板块与资历的人员存在观念差异，这在一定程度上制约了公司的发展。需要加快人员布局优化，缩短团队磨合时间。

品牌认知与影响力缺乏。集团品牌对下属板块品牌的赋能与支撑较弱，需要进行系统的品牌塑造。即使在绍兴当地，也很少有人知道金昌除了房产以外还有多种板块的业务，更不必说在绍兴以外的地区。显然，在多元化集团品牌构建方面，金昌要走的路还很长。

维度三：集团自身的品牌资产梳理

业务板块梳理。金昌品牌体系缺乏清晰区分与定位。集团旗下六大板块，其中，房产板块 12 个项目，健康、物业板块各 3 个项目，商管板块 4 个项目，投资、教育等板块也有多个项目。纷繁复杂的业务系统，亟待完善的品牌体系予以呈现。虽然在集团内部已划分成三大事业部，但在对外呈现上仍缺少明确的归属体系——这正是品牌系统要解决的问题。

客户认知梳理。金昌在用户心中的品牌认知停留在地产开发商的维度，其他方面业务则鲜为人知。在绍兴柯桥当地，很多人都知道柯桥中心幼儿园属于金昌，却不知道金昌还有爱乐早教。柯桥地区以外的客群更是不了解金昌还有教育板块。尽管金昌品牌知名度较高，但仅仅局限在绍兴，以本地为主，绍兴以外地区的人很少听说过。

营销资源梳理。金昌的营销渠道与品牌文化体系建设，缺少通盘考虑和科学排布与规划。当时金昌的品牌宣传主要围绕地产项目进行传播，宣传渠道仅仅局限于慈善活动、内刊、官网、微信和邻里活动等方式，范围也是地区性的，较为单一零散，无论是在宣传力度还是深入度方面都不够。

以上这些现状，一方面造成客户群体对金昌作为房产企业的认知根深蒂固，短期内难以改变固有印象，另一方面也导致客群对集团六大业务板块的关联性认知较弱，品牌理念与业务品牌无法形成有效呼应。

在调研之后的战略方向策划会议中，我指出：金昌品牌焕新工程的主要目的，在于厘清集团与各大业务板块之间的关系架构，构筑系统化的品牌体系，找到品牌的原力所在。

金昌集团最初从房地产业务起家，在之前的发展历程中，始终以地产企业的形象出现在消费者面前。现在，金昌由原来的地产板块扩围至六大业务板块，应该如何让消费者认识到金昌还有更加多元化的一面，并借此打开他们对其他板块的认知度？

金昌已经制定了极具前瞻性眼光的企业成长战略，但在品牌发展层面，却面临着现实的问题：金昌的品牌到底是什么？集团品牌与业务板块的差异是什么？各大业务板块处于不同的发展阶段，应该如何协同？

基于金昌集团品牌战略转型与发展的诉求，我们认为：服务，将成为企业发展的最终产品，应该深挖客户需求，最大化发挥客户价值，延长服务周期。归根到底，金昌不只造房子，它最终提供的其实是服务，如空间服务、物业服务、教育服务、养老服务——全方位为城市提供综合服务。

金昌的战略定位，需要聚焦于“品质”与“服务”两个词，从更高维度对集团品牌内涵做出新的诠释。金昌，应该从“专业化地产开发商”升级为“品质城市综合服务商”。这一概念，既有效地延续、包容了金昌旗下各大板块的业务，指明金昌品牌在新时代的进击方向，又能够激活消费者的认知，重塑金昌的品牌形象，推动各大业务板块的协同发展。从专业地产开发商到“品质城市综合服务商”，下一步，就要围绕这个定位为金昌建立起科学的品牌价值体系。

在梳理金昌核心业务体系、深刻洞察品牌多个层面的基础上，我们团队与金昌以务实的工作态度，寻找企业的品牌精神与品牌愿景。

经过双方研讨，决定沿用金昌一向秉承的“求实，创新，激情，感恩”，作为品牌的核心价值观。同时，基于金昌原有的品牌口号“品质人居，幸福相伴”，提炼出全新品牌愿景——“筑福中高端人群·城市综合服务商”，直接点明金昌战略转型“城市综合服务商”，也从人群与物理属性上给予金昌品牌精准的界定，如图 6–10 所示。

金昌品牌架构规划

品牌名	KINCANG 金昌
品牌愿景	筑福中高端人群，城市综合服务商
品牌精神	求实、创新、激情、感恩
品牌定位	品质城市综合服务商
品牌精神	求实、创新、激情、感恩
过渡期口号	从匠心筑家，到全心为家
品牌口号	金质生活，昌乐万家
子板块名称	金昌：房产、物业、商管、健康、教育、投资
品牌族系口号	“开发的是房子，留下的是文化与历史”等 6 个版本

图 6–10　金昌品牌架构规划

2. 焕新品牌符号，升级形象系统

品牌符号系统，是品牌原力的表达。我们对金昌现有的符号系统及品牌资产梳理，从以下四个方面进行了评估：

（1）中文名：存在应用问题与版权上的隐患。公司自创立以来，“金昌”二字是绍兴公司所用的名称，从未正式注册成商标；“金昌”是甘肃地名，通常地名无法注册成商标；市场上已存在名称相同或近似的企业。

（2）英文名：金昌原有英文名“Golden Shining”名称过长，一直缺乏专业化应用。在商务接洽、传播及设计推广中，存在诸多不便。它的中文直译为“金色阳光”非专属词语也无法注册。

（3）品牌视觉形象：金昌原有标识由“两栋蓝色建筑”组成，地产属性过强，对教育、商管等其他业务板块支持较弱，需要重新设计更具通用性的标识图形。金昌房产和物业的标识相同，其他四大板块的标识则完全不一致，甚至没有关联性。标识的字体、色彩比例等多方面不统一，给管理上增加了很大难度。

（4）品牌口号：原有广告口号“品质人居，幸福相伴”及“建造的是房子，留下来的是文化”，主要指代房地产业务，但目前集团业务开始多元化发展，各大业务板块急需提高自己在市场中的能见度与传播力。所以需要将集团品牌口号，放到更高维度、更广阔的应用领域上，进行全面考虑。

根据现有符号系统的梳理，针对已经发现的问题，我们提出了金昌品牌符号系统的升级工作，需要遵循以下三大策略：

（1）确定本次焕新的核心策略：品牌名称采用中英文组合形式。金昌经过多年发展和开拓，从单一领域到多元格局，从本土

图 6-11　前期调研：金昌集团原有板块名称及品牌形象

出发到跻身全国百强。我们根据金昌的蓬勃发展趋势，预见性地为品牌策划全新的英文名，更加直观有效地赋予品牌全球化的视野。

（2）将英文单词提升为品牌名称的主导，构建品牌全球视野，更有防范风险的意义：既能解决原有名称难以注册的问题，用字母标志统领各下属品牌板块，也考虑到将来万一中文名称出现版权纠纷的情况下，可以保留英文识别的品牌资产。

（3）采用品牌延展策略：以母品牌驱动模式，统领旗下不同子品牌。当企业逐渐成长、业务范围日益扩展时，原有的品牌无法承载更加丰富多元的业务内容，品牌的延展，就成了必然的选择。这也是我们团队对金昌品牌进行规划的重点策略。

在企业不断推出新品的过程中，为了提高营销的投资回报率，品牌延展已成为最常用的一种策略。研究表明，95% 业绩优秀的公司在开拓新产品、进入新市场时，都会采用品牌延展策略，而不是选用全新的品牌去面市。在我国，品牌延展也备受万科、联想、海尔等成功企业青睐。

对于金昌这样的集团化企业，母品牌“金昌”公信力强又需要拓展新业务，非常适合通过品牌延展策略的构建，将品牌体系进行完整化。利用品牌延展，金昌能够将原有的集团品牌势能与品牌资产，转移并赋能于新创的其他业务品牌，运用于新的细分市场之中。

此举不仅能够大大降低营销成本，快速扩大新品牌的市场份额，同时，教育、健康、物业等各大业务板块，也都需要金昌集团强大的母品牌能够为之背书，加强联动，实现资源共享。

采用“母品牌驱动”的品牌架构模式：为顺应金昌各业务领域的差异性，体现各业务板块的特点，为各子品牌在未来的独立发展奠定基础，我们建议金昌采用：主副品牌延伸方式，加“母品牌驱动”的品牌架构模式，即“母品牌（集团英文名称）+子板块（业务中文名称）”的方式。

这种母品牌驱动模式的重点，在于选择一个元素（如英文字母、中文词汇等）作为产品品牌标识元素，以统领旗下各大产品板块，拉动新产品知名度。

接下来我们着手为金昌定制品牌命名架构及色彩方案。品牌命名是品牌的核心资产。虽然命名只有简单几个字，在它背后支撑的却是一整套品牌架构的思维。基于上述策略分析，我们建议，保留“金昌”中文，同时为其策划了全新的英文名：“KINCANG”。经过专业商标机构查询、审核之后，金昌集团对这一简洁、易念的英文名称，进行全面的贯彻、推广，应用至今。

“KINCANG”作为品牌标志识别的主体，名称发音“KINCANG”与“金昌”谐音，寓意着在集团母品牌带领下，各板块齐头并进。前半部分单词“KIN”作为“KING”（国王）的简写，体现的是王者雄心，彰显品牌高度；“CANG”谐音中文“昌”与“仓”，寓意繁荣昌盛，仓谷丰登。

从集团层面，品牌命名架构策略按以下方式执行：

（1）集团名称：中英文组合方式，以英文为主，中文作为辅助。如“KINCANG 金昌”或者“KINCANG 金昌集团”。

（2）子品牌名称：中文版采用“金昌 + 板块名称”的形式，如金昌地产、金昌教育等。英文版六大子品牌，采用 K 系列延展，兼顾传播的简洁与和体系感。音译“K”系的方案，将代表金昌的“K”作为为各大子品牌背书的标识元素。

（3）品牌视觉色彩：主标识以金色为主；旗下六大板块品牌，运用六种色彩进行划分，如图 6–12 所示。

图 6–12 金昌品牌标识符号与业务板块名称

下一步是我们为金昌定制系列化口号方案。

品牌共通论关注策划效果的共通性，以用户视角考虑传播的不同环节，确保核心理念的最佳落地。因此，在为金昌品牌口号策划中，我们也考虑到品牌升级将面临的不同阶段需求，以及受众接受度，特别准备了双版本口号：过渡期口号，品牌主打口号。

品牌认知需要时间的转化，对于金昌这样基于原地产业务拓展的大型集团企业，在品牌表达上，更适合徐步前行。因此，我们为金昌的转型期制定了过渡版口号——“从匠心筑家到全心为家”。这句传播口号，体现出品牌转型、动态升级的过程。升级前的“匠心筑家”，是用匠心为人们建造居所；升级后的“全心为家”，则指拓展后的业务可覆盖到一家人整个生命周期的全维度需求。

在过渡期口号推出一段时间、被市场所接受之后，金昌正式发布品牌主打口号——“金质生活，昌乐万家”（图 6-13）。我们认为，每一次口号的传播，就是一次品牌资产的叠加。基于巩固品牌资产角度，也为了提高金昌的名字与口号的关联性，我们为金昌策划的集团品牌口号：“金质生活，昌乐万家”，巧妙地将“金昌”二字，嵌入两句口号的首字，保障了品牌资产的传承。

KINCANG®金昌
金质生活　昌乐万家

图 6-13　金昌品牌名称与口号组合

最后一步是为金昌定制更具包容性的品牌标志方案。

根据品牌延展策略，企业采用同一个核心元素（品牌标志）对整个品牌进行形象上的统领。鉴于金昌多板块的业务模式，我们建议：金昌品牌标识选择字母标（KINCANG）为主，更具有包容性与发展空间。

标识采用“中文+英文”的设计组合，核心文字融入了图形联想，基于建筑却不局限于建筑，简洁大气的视觉构成，体现了城市美好缔造者的含义。中文字体的下半部分代表坚实地基，上半部分形似砖瓦，寓意挡风遮雨。英文部分“KINCANG”谐音金昌，与中文相得益彰。

字形设计上选用稳固有力的字体，寓意企业坚守匠心的品质。地基、砖瓦等元素联想，也呈现出企业根基与品牌理念。色彩选用更具包容与平衡感的香槟金，既与中文名中“金”相呼应，也是中国文化传统中代表吉祥富贵的色彩，同时还寓意着金昌在行业中的领导地位。

针对不同场景的品牌应用目标，这款标识的设计也留下充足的空间：六大板块分别对应六种不同色彩，又可归属于母品牌的主色调（香槟金）。当六大板块单独推广时，字母“K”可独立应用延展，构成独特的版式语言，彰显出金昌作为行业领导品牌的地位。首字母“K”还可选用板块的特定色彩，独立诠释品牌内涵。

金昌标识的呈现方式，其实也是经典品牌的操作手法。它属于品牌组合战略中“被担保品牌”组合战略的关联名字形式，即在各产品品牌当中都共同存在“担保者品牌”的某个字词。全球餐饮连锁麦当劳就曾推出一系列带有“麦”字的产品，包括麦乐鸡、麦辣鸡、麦香鸡、麦香鱼、麦咖啡等。这种形式在突出子品牌特点的同时，也强调了子品牌与主品牌存在的某种联系，体现主品牌的主权与背书。

3. 运用爆品思维，建立用户链接

优质的产品是品牌之本，而爆品是品牌更广泛出圈的突破口。没有好的产品，品牌就缺乏成功的基石，无论营销如何成功，都不可能建立起长久的口碑。金昌集团在完成品牌顶层架构之后，以共通之道协同各大板块，共同打造出多款爆品，运用创新营销手段，成功占领用户心智。

第一，提升产品颜值。爆品策略，重视产品的识别度，在用户心中建立独一无二的形象。2020 年，金昌将自主研发的流线型建筑外立面，正式命名为“金昌曲线”，并成功获得国家知识产权局外观设计专利。这种“流线型外立面”，成为金昌建筑的专属标志，让金昌建筑极具辨识度。

“金昌·香湖郡”、白鹭凤林等地产项目，作为“流线型外立面”的典型代表，兼具灵动流体立面效果和独特优雅轮廓。

“金昌·香湖印”的“颜值”进一步提升。外立面的优化，加倍的轻盈、灵动；香槟金铝板的运用，传递出高级质感；立面玻璃占比更大的全封闭式玻璃幕墙，比起早年流行的法式、新古典等风格，以石材、仿石材为主的厚重造型，更趋于简约、通透。

“金昌·烟波飞鹭”更是“金昌曲线”升级之作，创新立体

的挑空飞檐，实现从二维至三维的迭代，打造了极具灵动之美的“白鹭之翼”造型。

走在建筑审美前沿的产品设计，正如扎哈·哈迪德的名言“没有曲线，就没有未来”，每一个折角与曲度，都历经数十次甚至上百次的精准推敲，只为彰显独特的优雅轮廓。这正体现了金昌的爆品思维：用独特认知赢得好评。金昌让在浙江绍兴的业主，也能体验与一线大都市同级别的住宅产品，在收获爆棚口碑之时吸引更多新用户，实现销量转化。

第二，提升竞争壁垒值。对于爆发力强、利于传播的创新产品，更需要获得权威平台与行业的公信力背书，增加对手的模仿难度。金昌的产品设计，不仅在用户心中赢得口碑，更在国内外专业赛事中屡获好评。

“金昌·烟波飞鹭”设计，荣获“2021 国际地产大奖亚太区优胜奖”“美国 TITAN 地产大奖铂金奖”“法国 NDA 设计奖金奖”等多项国际大奖，印证着世界对“金昌曲线”的权威认定。

2022 年 2 月，由金昌集团倾心打造的“度假式办公空间”金昌商学院，从近 300 个参赛作品中脱颖而出，斩获 2021 香港 A&D Awards 设计大奖最佳办公空间类别唯一金奖。获得业内久负盛名的奖项荣誉，既是对金昌成功转型“品质城市综合服务商”的肯定，又体现了金昌集中战略资源之后的成果，将文化、艺术、品质完美契合于建筑作品的匠心。

第三，提升客群数量值。爆品不仅在于产品本身，更需要打造出极致的用户体验，将消费者转化成更多愿意追随品牌的粉丝。

2020年，金昌连续四年成为国家金牌赛事“绍兴马拉松“顶级战略合作伙伴，在富有文化内涵的体育赛事中融入金昌特色。伴随着醒目的宝蓝色司旗、“品质城市综合服务商”响亮的口号、无处不在的金昌志愿者和啦啦队，金昌与来自五湖四海的“越马”跑者高度互动，赢得绝佳的信任与忠诚度，为后续的客群链接与裂变奠定了基础。

在产品营销层面，金昌围绕目标客群的特点，在“金粉”心中持续强化对于金昌的认知。轮番上演的活动，制造了一波又一波的营销热点话题。

“金昌·香湖印月”举办纸雕艺术展，将世界纸张建筑大师阿南的纸艺收藏品带入柯桥，邀请客户共同见证金昌式美好生活。“金昌·白鹭凤林”以万方加州阳光大草坪为舞台，开办绍兴首个音乐节“造LU星球·春氧音乐节”。

在嵊州、新昌双城，金昌举办“全橙热映”活动，推出“可爱橙”玩偶与街头客户偶遇。在海盐，“金昌·香湖印月”推出“星空美食节”活动，现场龙虾、烤全羊、喜茶等美食云集，再次“吸粉”无数。

爆品的打造过程，也是对品牌原力进行放大的过程。金昌用实践不断印证爆品在品牌共通论中的关键角色，为品牌焕新交上了令人满意的答卷。

4. 从传承到开创，共创营销体系

品牌顶层战略的前期设定，离不开企业与策略外脑的思维碰撞与智慧共享。而在品牌战略的落地推进环节中，则需要集团内部各板块联动发力，在战略思想指导下，进行从内到外的协同与共建。

第一，围绕战略重心，共创品牌使命。在策划前期，金昌为我们提供企业发展的历史背景与愿景构想，我们则为金昌提供了品牌资产的专业梳理，从企业、市场、用户等多个维度，来为金昌提供战略规划的建议。

基于金昌自身成长脉络，我们将其从“专业化地产开发商”升级提炼为“品质城市综合服务商”。同时，考虑到集团多元化、跨地域的规划，我们提议金昌的品牌要建立全国性的高度，才能让企业在新时代的品牌进击过程中，立于不败之地。

在搭建品牌价值体系时，我们以共创的心态，力求延续金昌原有品牌文化与宝贵的精神财富。例如，“开发的房子，留下的是文化和历史”是公司起家的文化口号，通俗易懂，金昌人对其有着浓厚的感情，因此，我们提出将其保留成为集团地产板块的口号，并创造性以它的句式结构为模板来延展创作，为金昌策划出一套家族口号，配合不同板块的多元化应用。

这个想法获得金昌集团总裁潘栋民的高度认可，最终决定：以这句“开发的是房子，留下的是文化和历史”为蓝本，为集团六大板块定制了“族系口号”的传播语，在整体性和差异性间寻找平衡，让它们形成“1+1+1+1+1+1 > 6”的品牌合力（图 6–14）。

地产：开发的是房子，留下的是文化和历史。

物业：专注的是服务，传递的是美好和幸福。

商管：运筹的是空间，成就的是事业和人生。

教育：激发的是潜能，开启的是无限爱和乐。

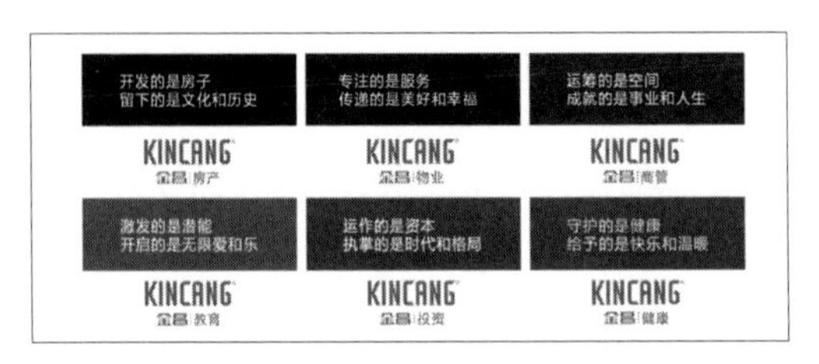

图 6-14　金昌六大业务板块色彩规范、族系口号

健康：守护的是健康，给予的是快乐与温暖。

金融：运作的是资本，执掌的是时代和格局。

第二，洞察企业内部，共创人文关怀。企业品牌的打造，是由内至外的。只有先让企业内部员工理解品牌的价值与文化，并以此为奋斗目标，才能为更多的外在用户所感知、所信任。

我们在调研中发现，金昌在企业内部文化的宣导与培训工作存在一定的不足；企业文化缺乏系统化的传播工作，不够深入落实，在基层员工关怀方面也有待提高。因此，我们在策略报告中建议，金昌需要加强企业文化的持续宣导与培训，提炼出企业在人才方面的理念，强化集团层面的人文关怀。提高对人尤其是基层员工的关注，才能实现品牌文化的长久发展与落地。

对于品牌文化的创建工作，建议企业方鼓励全体员工来共同参与。只有让员工们齐心奋进，才能塑造积极、昂扬的文化氛围，让品牌的原力强势发挥。

第三，协同六大板块，共创品牌合力。在“金质生活，昌乐万家”这一全新理念引导下，依托金昌集团丰富的资源优势，六大品牌的业务板块都获得了长足进步，实现了与母品牌的互利共生。

作为金昌集团的产业之本，金昌房产相继获得“中国房地产百强企业之星”等殊荣，成功开发了写字楼、综合体、住宅、城市公寓、酒店等数十个项目，总面积达1000多万平方米。2020年首入诸暨，后又在嘉兴海盐、柯桥城区、嵊州等地深入开拓。

金昌物业，连续两年入选“中国物业服务百强企业”，管理项目面积超500万平方米，服务项目涵盖住宅小区、写字楼、商业综合体、酒店、园区等多种业态。

金昌商管，通过对房产资产的管理运作，实现资产价值体现和提升，以金格尔为代表的创客空间租赁模式，找到商务楼租赁市场中新的利润增长点。

金昌教育，与时俱进，从一家幼儿园快速壮大成教育集团，成为绍兴第一、浙江知名的低幼教育品牌，旗下拥有蒙德斐尔国际幼儿园、柯桥中心幼儿园、爱乐国际早教、嵊州幼儿园等。

金昌健康，构建多层次养老体系，建立“居家养老、护理院、社区综合服务中心”三位一体的服务平台，三大产品线（优邦居家养老、爸妈壹佰健康管理平台、金宸太和晨颐养中心），获得政府及市场一致好评。

金昌投资，与房产开发、民生服务互利共生，形成良性循环。2017年，金昌投资荣获“年度产业影响力消费升级领域投资机构TOP10”。2018年，创业孵化器——创梦天地柯桥园区正式开园。

金昌集团的品牌焕新工程，历经数年的稳健发展，各个业务版块也已经焕发出独特的活力。时至今日，金昌完成了从“原力发掘、爆品打造、符号开发、激活共创”的全面升级，而“KINCANG”这一名字的内涵，还在不断充实中。

品牌的成功焕新与迭代，要求企业具有客观的自我认知、深度的洞察、足够的远见，同时，更需要一支身经百战的专业顾问团队进行全程指导。我们秉承品牌共通论理念，再次为企业实现品牌价值的持续跃升。

吴良材高择：老字号品牌出圈新生

提起眼镜品牌，你会想到什么？曾经，吴良材、亨得利、茂昌这几家百年老字号可谓鼎鼎大名。它们的旗舰店，矗立在全上海最繁华的南京路步行街，成为国内外游客的打卡地标。它们的名字，成了国货眼镜的风向。

可今天，它们的风头却被另一批名不见经传的牌子所抢走。Gentle Monster、Zoff、木九十、LOHO……这些陌生的名字，或从海外空降，或从本土崛起，在城市的顶尖地段，吸引了大批年轻人的目光。它们用意想不到的销售模式，颠覆性的品牌语言，诠释着新世代的“潮”与“酷”。

根据品牌中国战略规划院长三角研究中心发布的《长三角老字号品牌活力指数2019》，在商务部认定的全国1128家“中华老字号”中，蓬勃发展的企业只有10%。与大多数的老字号一样，吴良材眼镜也面临着品牌形象老化、创新力不足、用户群体高龄化、消费频次降低等问题，日常进店人群普遍为40~50岁的中年人群，鲜有“85后”“90后”人群光顾。近年来，企业做了不少尝试与探索，比如将“吴良材”塑造成卡通版“吴老爷”，围绕这一形象打造国潮风的包装，推出“吴良材三百年”限量款T恤等，但年轻消费者似乎并不愿意为这些买单。

作为眼镜界的老字号品牌，300岁高龄的吴良材，面对全新的市场冲击，如何通过升级自己的营销策略，迎头赶上新时代的机会？

2021年新年伊始，吴良材眼镜所属的母公司上海三联集团，决定启动全新独立子品牌——“高择”（英文名Gozem），并邀请我们团队为这一新品牌“高择”进行战略规划，从顶层战略开始，为其进行由内而外的系统化塑造，希望让品牌与时俱进、破圈新生。

1. 品牌资产审计，探索300年老牌宝藏

想要改变，当先审视自我。我们先从吴良材主品牌着手，对品牌的现有资产进行审计与评估。家喻户晓的眼镜老字号——吴良材，有着300年历史。据说，中国第一台照相机镜头就是吴良材研磨的。秉承“选用良才”的经营宗旨、“包退包换、明码标价”的承诺，吴良材被誉为“国货之光”。慈禧太后的德龄公主，是吴良材的头号“铁粉”。

吴良材品牌的基本形象识别系统，主色调由红、白、黑组成，标识由文字“吴良材眼镜”与主图形组成，主图形由两片叠加在一起的镜片（红色），加上“吴”字拼音首字母W（黑色）所组成（图6-15）。这款标识所使用的设计语言，无论字体还是图形都十分传统，与当下的审美格格不入。尽管图形设计也花了不少巧思，但由于隐藏过深，常人很难一眼就看懂。

图 6-15　吴良材原品牌标识

前期调研阶段，我们采取“数据报告分析 + 线下探店”的方式，进行从宏观到微观的市场分析。调研发现，整体眼镜市场近年来一直呈稳步上升趋势。中商产业研究院 2021 年公布的数据显示：我国眼镜产品市场规模，从 2016 年的 735.95 亿元增至 2020 年的 914.56 亿元。

国外成熟品牌与国内新品牌，正在不断丰富着国内市场格局与规模，这一消息看似利好，但是也意味着，老字号品牌的生存空间在日益缩小。在消费者认知中，比起市场新秀，对以吴良材为代表的老字号品牌，市场关注度大幅度降低。新需求的涌现，是一把“双刃剑”，眼镜零售市场竞争虽激烈，却并无寡头及头部品牌出现，各家纷争的局面对高择而言，是危机更是转机。

我们认为，在寻找全面的、详细的垂直竞品作对比的同时，更需要从相近、相似的其他行业中取长补短。因此，除了考察各类眼镜同类竞争品牌，更需要破圈、跨界，去研究一批更为创新的零售业态，如买手店、快闪店。

因此，市场研究从以下三个维度切入，找到了各种优秀品牌的独到经验：

（1）垂直竞品，包括：宝岛眼镜、LOHO、木九十、Zoff、

JINS、AOJO、Gentle Monster 等。Gentle Monster 通过风格大胆的设计、前卫的元素、时尚的运作手法，以凸显佩戴者鲜明个性的方式，将产品提升至轻奢级别。

（2）新型零售品牌，包括：潮流买手店 element、美妆集合店“话梅”、独立设计师饰品买手店 OOAK 等。element 通过小众化路线，品牌联动活动、限定商品等，以拉动潮流青年“入圈”。“话梅”等美妆小样店，是视觉与社交媒体营销的佼佼者。

（3）风靡欧美的新概念品牌：意大利买手店鼻祖 Luisa Via Roma、概念小店 Colette、多元文化平台 Dover Street Market 等。老牌买手店 Luisa Via Roma，通过每年的全球博主盛会，设计相应主题，推陈出新、巩固自己的行业地位。来自川久保玲旗下的 Dover Street Market，将自主品牌与其他品牌进行融合，实现共赢。

研究了这批当红的时尚买手店，也对热销的眼镜品牌进行了深入比较，我们看到，传统眼镜零售模式的式微，已无法满足当代消费者的对体验式、打卡式消费的需求。同时，眼镜产品大量同质化、SKU 数量过多，也让消费者不得不放弃选择，而转投更加小众，更加定制化的平台。

这些买手店的成功经验，给高择带来了值得参考的启示：（1）独树一帜的市场定位；（2）优质的选品及门店体验；（3）强品牌视觉，加话题内容输出；（4）线上线下整合营销。同时，为了实现高择的营销目标，不应只聚焦在眼镜品类，更应该放眼消费者的整个生活形态。以眼镜、腕表为起点，进入服饰、周边、个人形象塑造等更广泛的消费领域中。

2. 发掘品牌原力，为全新市场赋能

品牌共通论认为，品牌的长久生命力，取决于品牌的原力。

要想让高择获得长远发展，就要从它的母品牌“吴良材”的品牌基因中挖掘独有的资源与优势，将品牌原力赋能于“高择”，为新品牌进入市场寻求扎实的根基。

但是，我们通过分析后得出结论，母品牌对于“高择”的支持度非常有限。可沿用的元素只有两个：（1）从专业角度与行业资历着手，老字号“吴良材”多年口碑与技术优势可提供品牌背书，包括深厚的眼镜行业历史、专业的验光技术、精湛的制镜工艺，都可以成为品牌原力的构成元素；（2）既有色彩系统中使用的红色，可带来一部分家族品牌的联想。

我们提出，高择的品牌策略，需从“小”而“独特”的定位角度切入，找到市场稀缺点并进一步攻克。高择从线下门店而来，从吴良材的悠久历史而来，它的企业资源与技术背景、线下门店的优质服务，正是其他网红眼镜品牌所不具备的。

高择，不只是一家眼镜店，更是“个人形象打造中心”。高择的店员，也不叫“Sales”，而是消费者的“私人形象顾问”。高择相信，人与人的见面交流，才能产生真正的信任与互动。从眼镜、腕表、饰品的选择搭配，以及不同场合的着装与职场礼仪，这里的形象顾问，始终可以提供专业而周到的建议。

因此，高择提供的价值应该是：更高明的选择，更简单的购买。它的母公司，让“高择”一出生就具备了“高专业服务”“精尖产品线”“优质选品、简化选择”三大亮点。这些亮点最终可以归纳成三个字：“高”“精”“简”。这三个字，正是唯高择独

有的品牌原力。

梳理完品牌原力，我们从品牌识别度上进行思考：对于全新的“高择”，消费者怎么认识它，记住它，怎么理解它的价值与社会意义？这个问题看似很简单，却是品牌顶层战略的构建中极易被忽略的问题。

因此，我们在前期策略会议中，针对高择的现状，提出了三大建议：

（1）针对已有的中英文名称“高择 /Gozem”，将中文放在英文之前，才能更好地传播。尽管“Gozem”更具国际感，似乎很适合作为品牌主打名称，但它并不是一个常见的英文单词，而且字母发音有多种，对于本土消费者的界面并不友好，识别与传播成本较高。这个单词，与其他已有的眼镜连锁店品牌名称，如“Zoff”“Jins”那些很不一样——那几个名字的音节比较简单，能轻易地被念出来，认知与传播成本就比较低。

（2）“高择”需要强化名字与眼镜品类的联想。作为主打中文名，“高择”两个字拆解成“高”和“择”，可以诠释为“高明的选择”。名称自身的寓意联想不错，品质感也够，但是，在气质上偏成熟，时尚度略逊一筹。而且，从已有的中英文名字组合上看，都缺乏眼镜的品类联想。

对于一个全新的品牌名而言，品类联想非常重要，如果名称上不足以表达的话，那么我们通常会建议采用两种方案。一种是在名称后缀加上品类词，让它的价值属性与指代性更为完整。如“智云 + 健康”，变成“智云健康”。另一种，就是在名称之外，再加一个便于识别的图形符号，加强它的品类特征。

（3）高择需要找到一个属于自己的定义，与当下的市场客群建立联系。虽然在业内还是称之为“眼镜钟表”，但在今天的消费者生活中，“钟表”的角色已经很弱化了，“钟表”这个词就像电话座机一样显得过时、老土，消费者更愿意为“智能穿戴”之类的形容而买单。人们很少单纯为计时功能去买一个“时钟”，而“手表”的作用也逐渐转为身份装饰，因为手机把它们都给替代了。高择作为新品牌，应该找到自己的专属赛道，成为这个赛道的开创者。

从竞争策略的维度上，我们建议：不把传统眼镜门店作为竞争对手，而是将“买手店”作为切入新市场的差异化定位与核心亮点。传统眼镜市场已经非常饱和，而“潮流眼镜＋买手店”方兴未艾，更容易获得年轻人的认同与青睐。

对比其他眼镜品牌，高择产品线极具特殊性，除了具备老字号的传统文化基因，又拥有国内外大牌眼镜的丰富选品资源。同时，还有与多名独立设计师的实验孵化品牌。在产品品类上，除了框架眼镜，更包含了美瞳、饰品、手表以及眼镜主题的周边衍生品等。而高择名称的“择”字，也代表着“选择”，意味着“专业买手”，在整个名称的逻辑上也顺理成章。

结合上述因素，我们将高择的品牌定义总结为——“眼镜表饰·设计潮选店”。同时，为高择梳理出完整的品牌价值金字塔。品牌价值金字塔的结构，从上到下，层层递进。顶层的品牌原力，决定了品牌的终端表现，以及消费者的触点及体验，而底部的产品服务价值，反过来，对品牌顶层战略相互呼应（图 6–16）。

高择的品牌定义“眼镜表饰·设计潮选店”，每一个词都有它自己的指向：眼镜，作为核心品类，是品牌的首要联想；表饰，一个词语概括“手表 + 配饰”，涵盖手表、饰品、衍生品的内容，避免“钟表”传统化联想；设计，凸显选品的质感与时尚感，也体现产品设计的专长；潮选店，突出集合店属性，强化“潮流眼光、精挑细选”的特质。

这些战略思考，获得高择所属单位上海三联集团领导的高度认同，也成为后续高择品牌规划工作的基础。

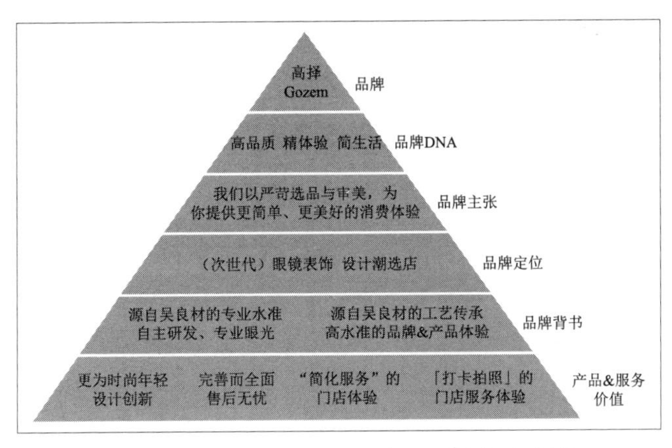

图 6-16　高择的品牌定义与品牌价值金字塔

3. 打造爆品战略，精准发力目标人群

当高择的品牌定义明确后，接下来就要在产品架构与目标人群上，进行更精准的发力。

高择将自身定位成“买手店”，从而进行更为丰富、多元的产品线规划，这是与高择的目标人群相匹配的。针对高择，我们提出“次世代”圈层战略，将核心目标人群锁定为年轻消费族群，包括：新晋白领、时尚达人、社会精英及专业人士等。

高择目标消费人群的年龄，集中在“85 后”“95 后”。与其他年龄段的人群相比，他们的消费方式更加小众化、圈层化。他们热衷于探索未来的生活方式，注重个性化消费，注重品牌内涵。“85 后”消费者愿意承担溢价以购买优质产品，获得更好的服务。“90 后”消费者，更注重体验，喜欢打卡、体验新奇刺激的活动，对于轻奢品牌情有独钟，愿意为尝鲜买单。“95 后”消费者更注重精神与兴趣消费，注重产品背后的文化认同，选择与自己价值观相符的商品。

随着网络科技、社交传媒的普及与发展，消费者更容易收集并获得关于各种产品的知识，为购物进行决策。于是，KOC 出现了。这些人包括越来越注重原材料、环保的“成分党”，以及注重工艺、设计、品牌历史的“技术党”，他们将亲身购买与使用经验分享出来，影响着多数人的购买行为。

当消费者接触到的、市场上的可选项越来越多，如果有一种新的营销模式，既能解决个性化购物的感性需求，又能在货品丰富度、购买效率方面满足理性需求，便能成为消费者重新关注的理由。

我们建议：抓住具有引领意识的核心客群——“次世代”消费者，用爆品吸引他们，响应他们的需求，借助他们的探索精神与独特品位，才能影响更广泛的人群。

高择除了主打优选设计师眼镜之外，推出风格百变的美瞳、出街必搭的墨镜、酷感十足的手表等，更包括来自海外的“眼镜主题”的周边产品。同时特别针对“次世代”人群，高择开发细分产品线，与“Zeiss”蔡司眼镜合作开发电竞专用镜片。这款令人耳目一新的产品，针对电竞玩家使用数码设备的视觉需求，颠覆传统，提出全新视觉解决方案。造型上，它融合了电竞时尚元素；功能上，它可以帮助佩戴者在屏幕多点频繁来回切换时，双眼能快速聚焦目标，准确获取动态视觉信息；同时，它具有蓝光防护功能，阻隔辐射伤害，为玩家眼睛提供更多保护。在上海大悦城首发仪式上，电竞大神十一和小红书博主软小玺，带用户一起解锁“Gozem 视界”的新玩法，赢得年轻人群的热烈反馈。

4. 创新符号设计，高颜值引爆高销量

完成了品牌原力的发掘、品牌顶层架构及爆品打造，开始进入品牌视觉系统的设计。

我们团队进行了大量的线下调研工作，相继走访了知名的商业中心，如上海大悦城、徐家汇美罗城、淮海中路、新天地、南京西路商圈等。从上百家门店的形象与符号系统中，团队捕捉时下流行的设计趋势，拍摄、收集了备受年轻人喜欢的商场门头信息。在方案中，将它们分为四大象限，进行细致解读与比较。

经过多轮头脑风暴与打磨，我们为高择全新打造的、简明、时尚、更具包容性的核心视觉符号系统，终于诞生！

品牌核心识别：图形居中的字母“g”，代表了高择英文 Gozem 的缩写。在设计中特别采用小写的“g”，类似的“眼镜”造型强化产品第一联想。字母左上角加以“星光”作点缀，意在展现“灵光一现”的魅力及镜片闪耀的质感。两旁的括号，聚焦并稳定了视觉重心，造型上就像潮选店的大门，通过这扇门，将更多的潮流单品带给消费者（图 6–17）。

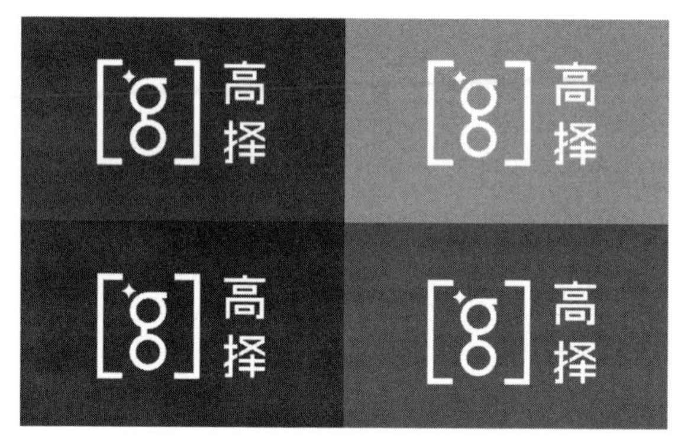

图 6–17　高择核心识别符号

品牌专属色系：高择，以红色系作为主色，其一是因为沿袭了吴良材原有品牌主色调；其二就色彩性格而言，红色一向具有热情与醒目的感染力，视觉冲击感较强。而且，“××红了”作为形容词，也意味着受人欢迎与重视，如走红、爆红、网红等。当红色与其他色块组合在一起呈现的时候，显露出高择“当红不让”的主角气场。

品牌核心符号：g 字母两侧的括号线框，目的是加强符号识别的整体感，让标识显得规整、有序。同时，这个括号还能应用于品牌广告内容的形式规范上，“括号”中间的空间，可容纳各种产品与人物消费场景，也传递出“买手店”的特质，展现出品牌的包容度。

品牌专属花纹：由重复排列的“括号”组成高择品牌专属花纹，构成独有的秩序感，也放大了品牌在各种场景下的识别度。特殊的纹样设计，可应用于背景板、购物袋、眼镜盒等多种场景物料。

5. 共创潮酷体验，“双城”大卖有门道

2021 年 4 月 28 日，上海，位于静安区的高择大悦城店，与位于徐汇区的高择美罗城店，“双城”首店联手开业。基于“眼镜表饰·设计潮选店”的定位，我们协助高择，进行了线上线下全渠道联动的策划。

从开业引流，促销活动，口碑打造，到传播渠道筛选及内容策划，分阶段运营建议等方面，我们进行了全盘规划。品牌共通论认为，品牌的每一次曝光，都是一次与顾客发生交集的接触点。要把握住与客户沟通互动的好机会，就连装修期的临时围挡广告，都要精心规划。因此，我们策划了悬念式预告文案——“你的眼光有多高”，这个疑问句既像是跟商场消费者在打招呼，又与高择的品牌名构成联想，提示顾客值得期待（图 6–18）。

图 6-18　高择的悬念式预告文案

结合“次世代”消费者的用户画像，我们筛选出合适的 KOL 渠道。同时，通过同城自媒体种草，微信、小红书等，将粉丝引流到高择的私域流量中。针对官方抖音号、大众点评等联动线下平台，以及汇集潮流人士的 App、本地生活公众号等，着力打造属于高择的自媒体矩阵。

视觉系统的打造上，高择门店所推出的空间设计与商品陈列，与“高、精、简”的品牌战略理念一脉相承。

位于商圈中心地段的高择集合店，整体呈现出银色太空舱的未来感。店面设计元素中，将棱角与圆弧完美平衡，带来舒适的视觉体验。绿植、火烈鸟、圆形镜面，这些符合街拍美学的时尚装饰元素，与简洁、复古的冷调设计一起融入店面空间，让美学、光学与科技感完美融合。

门店内，处处可见匠心巧妙的陈列创意，创造着商品与顾客的动态连接。符合人体工程学的镜面，让用户在试用高择眼镜商品的过程中，更好展示镜中的自己，巧妙地提升使用效果与体验。

分区清晰的功能空间，带来便捷的眼镜消费体验。高效的店内动线设计，给顾客呈现出多元又统一的试品及购物感受。限时快闪区，近距离打卡 iG 电竞大牌助阵。光学眼镜区，明星同款潮品，随时拥有。潮流表饰区，完美上演“腕间”时尚。叠加配搭区，用戒指、手镯，胸针摆出创意组合，让顾客秒变潮流玩家。

每家高择门店的视觉中心位置，均设有十分吸睛的百变标识墙。蓝紫色的渐变灯光，不断闪现、强化由我们为高择度身定制的标识，再次强化了品牌的潮流态度。从高择的招牌门头、氛围色调、功能区域、陈列创意等，每一个环节都体现出品牌理念：让消费者拥有高明的选择，简洁的消费体验（图 6–19）。

图 6–19　高择店面空间

结语

眼光有多高，舞台就有多大，在群雄林立的眼镜零售市场，“眼镜表饰・设计潮选店”高择，找到了自己的差异化战略，成功地创造出属于自己的品牌发展模式。

2021 年，第十五届“中华老字号”博览会在上海世博展览馆召开，我们团队精心打造的吴良材高择品牌正式宣告面世，与老凤祥、杏花楼、中华铅笔等多款老字号联动，以创新破圈的形式再造经典，持续谱写百年消费新华章。

高择品牌的塑造过程，与传统眼镜营销截然不同，它的本质不是单纯的售卖商品，而是站在品牌战略的高度，通过发掘出企业自身的原力，来系统化打造品牌。通过品牌共通论“四部曲”，环环相扣的经营举措，高择牢牢地抓住了属于自己的客群，并有效地避免了与其他零售形态的同质化竞争，稳步实现了营销目标。

九方智投：登上“世界第一屏”的投资学习平台

2020 年 8 月，九方智投闪亮登陆纽约时代广场，出现在象征着成功与财富、被誉为“世界第一屏”的纳斯达克（NASDAQ）证券交易所媒体。全新品牌口号“实战派股票学习平台”与投资名师同步亮相，聚焦着全世界的目光。

这一品牌口号正是我们团队作为九方智投品牌战略顾问为其精心策划的。

2020 年年初，九方智投，作为国内领先的炒股教学平台准备在市场全面亮相。发展多年以来，九方智投所属的公司市场团队已经比较完善，在委托我们作为顾问团队参与之前，内部已经

图 6-20　九方智投登陆纽约时代广场

完成了品牌命名、标志等基础元素的搭建。但是企业对自身完成的传播素材与内容却并不是很满意。为此，他们暂时搁置了原先的广告投放计划，邀请我们团队对九方品牌进行全面的梳理与升级。

通过前期讨论，我们与九方智投达成一致，决定从品牌战略层面出发，重新寻找九方智投与市场及用户的链接点。

1. 品牌资产梳理

如何通过品牌梳理，挖掘出尚未被发现的产品价值，放大品牌的影响力？我们团队从三大维度进行深入研究，包括品牌自身分析，竞品信息及数据报告的查阅，还要针对特定客户人群进行调研，完成更有针对性的策略推演。

第一步，就是进入企业内部，与客户高层与营销团队作深度访谈与沟通，对九方智投进行品牌资产的详细梳理。

九方智投，作为一款以炒股教学为主的应用软件，经过多年发展，基于大数据、AI 计算、金融科技三大体系，构建智能金融投资系统。通过投教类课程以及学习软件的产品，为不同需求及使用场景的股民提供股票学习和服务，提升投资理财的幸福感。

九方智投本身具有良好的企业实力背书，它的母公司是上海九方云智能科技，拥有近 25 年行业经验，证监会挂牌企业的专业资质，在股票投资教育领域居领航地位。2018 年设立的九方金融研究所，研究范围涵盖宏观经济、行业公司、证券投资策略、指数与投资工具设计等领域。还有线上课程等服务产品，积累了大量学员和信任口碑。

在我们团队进行正式策划之前，企业内部已经完成一部分前期工作。按照品牌共通论“四部曲”来看，可以说它们自身已完成了两大块。比如符号系统的设计，品牌名称、口号、标志与基本色、VI 视觉形象等一应俱全；教学产品也已形成相对完整的体系，各种投资学习软件、投教课程，为投资者提供从策略、风控、智能投顾等多方面一站式证券投资服务，具备打造爆品的基础。

按理说，进行下一步的推广是顺理成章的，但是九方智投自身总觉得在目前的营销传播中，认为缺少品牌理念与价值感的输出，也找不到合适的发力点。正好，九方智投市场负责人是我以前的学员，于是他邀请我带领团队为其进行全新的品牌梳理。

在调研过程中，我们认为，九方智投的品牌名称字形简洁，发音顺畅，将历史典故与企业产品特点结合在一起，有着丰富的寓意。不过从推广层面上看，这个名称的市场教育成本会比较高。

在九方智投这个品牌名字的构成中，“九方”源于春秋时期的相马家九方皋之名，“智投”是智慧投资的缩写。九方皋曾受伯乐引荐，为秦穆公相马，他相马看重内在精华，不求表象。这种穷尽万象去伪存真，专注事物本质规律的独特眼光，与九方智投所追求的炒股教学主张不谋而合。

但是，在实际的市场应用与推广中，对这些典故的评价标准又不一样了。无论是老股民还是新用户，很少会有人那么深入地去了解这些故事。也有不少用户反映，“九方智投”这个品牌名字不好记、不易懂；同时，他们对于已有的“学炒股，上九方智投”的口号也感到不解。

已有的口号“学炒股，上九方智投”，很容易让人联想起市面上常见的、指令式品牌口号。比如“怕上火，喝王老吉”“爱干净，住汉庭”，它们采用的都是行动指令句式。自从这类句式流行以来，很多企业来找我的时候，都想让我也能帮它们策划出这样的广告语，希望它们的产品也能借助这句话，成为另一个“王老吉”“汉庭”，创造销量的奇迹。

但我认为，这是一个思维的误区，也是企业创业者由于不了解品牌规律、试图走捷径的一厢情愿。企业的成功，需要依靠整体的经营，而不是靠单一的口号就能实现。口号固然重要，但它只是一个放大器，将企业或产品原有的优势或禀赋进行放大。如果企业自身的差异点没有找到，那么再厉害的口号也没用。

而且，这类指令式口号，有它的特定使用条件：只有当产品的某项技术优势绝对领先、进入“竞争无人区”时，配合压倒性的市场费用投入，才能真正收到效果。通过大量投放广告，反复传播这么一句话，在消费者的心智中，才有可能为你的品牌留有一席之地。

“学炒股，上九方智投”这句口号的传播障碍在于，没有提供充分的购买理由。在股票学习这个赛道中，不同级别的备选平台很多，如果口号不说卖点，不说痛点，不说差异点，用户看过很快就会忘记，最多在他们的心中生发一个疑惑：为什么学炒股就非要上九方智投呢？给个理由先。

品牌符号系统的目的，本来就是为了降低用户的认知成本，提高用户的选择意愿。如果这些名称与口号，反而成了受众的认知障碍，增加了信任与理解的成本，那当它们应用于各种媒体广告中时，更会让传播的效力大打折扣。

2. 竞品研究

研究完企业背景与品牌资源之后，接下来，就要通过对竞品与同行的研究，来分析品牌的机会点。只有这样，才能跳脱思维的局限性，为品牌寻求区别于市面同类产品的差异化定位。因此，我们对市面上的同类理财教育平台及口号，进行了收集汇总：

指南针：以“3分钟高效选股”的口号，主打一站式炒股软件。

同花顺：以“让投资变得更简单”的口号，打造综合性投资交易平台。

益盟：以“构建你的盈利体系”，诉求综合性股票投资顾问平台。

益学堂：以“在线学炒股，就上益学堂”为口号。

这些从投资教学赛道中脱颖而出的品牌，名字各有特色，口号分别从“高效”“简单”“体系”等多个角度切入，形成特色定位。值得一提的是益学堂，它用的也是行动指令性口号，但是收效并不理想：“在线”教学的形式并不新鲜，尽管可能是它们的教学特点，但是不能算作企业独有的优势，该平台也因经营不善而难以为继。

在为九方智投进行策划的初期，我们团队一度考虑是否为其改个名字，换个标志。但是，综合考虑下来，九方智投这个名字的水准并不差，跟“指南针、同花顺、益盟”这样的名字放在一起，还是有一定识别度。那么，问题到底出在哪里呢？

品牌共通论认为，如果消费者认可并记住某一个品牌，并不只因为它的名称好听、色彩好看就买单，而是因为消费者这个品牌身上，找到了某种文化的共通点或满足需求的价值点。品牌标识固然很重要，但是如果从品牌营销的层面出发、站在品牌与用户关系的层面思考，清晰而明确的品牌价值点的提炼，才是重中之重。

3. 目标用户研究

调研还在进行，我们继续深入挖掘用户对于指南针、同花顺等竞品的评价。我们发现，用户对某个平台或者品牌的兴趣，是因为它提出了独到的理念与价值承诺。只有让用户觉得跟自己有关，他们才会进一步关注。

因此，九方智投的当务之急，就是破除受众群体对该品牌的认知障碍。我们要告诉受众：九方智投的存在，是与他们密切相关的，是他们迫切需要的、能够帮助他们解决问题的。我们需要回到九方智投的产品本身，回到消费者的内心需求，寻找并提炼更具差异化的品牌原力。

通过深入分析研究，我们得出了更为清晰的用户画像：九方智投的潜在用户，年龄分布在35~60岁，“80后”是最活跃的主力。他们大多受过高等教育，有了一定的社会与职场阅历，渴望通过把握事物发展的规律，来尽可能降低投资风险，提升成功率。但是，承上启下的他们，平时又很忙碌，很难抽出大量时间进行系统学习。较高收入开阔了他们的眼界，但也增加了对未来的焦虑感。以股票为代表的投资，正是他们缓解焦虑感，让未来更可控的途径之一。

让未来更可控，是这些人投资股票的根本动机，而他们的忙碌现状，决定了他们无法拥有充足的时间进行投资理论的系统学习。炒股过程本身极不可控，在可控和不可控之间，用户所需要的，除了一个资讯与学习软件，更需要的是心灵与情绪上的陪伴。

4. 发掘品牌的原力

在九方智投的帮助下，我们团队开通了平台账户。通过试用这款软件，我们对它的教学软件服务与价值，有了更切身的体会。平台上，不但有数十位资深股票投资导师坐镇，每天有文字直播间实时互动，以及每周两次实战分析、案例股推荐，更有平台提供的大数据支持，一对一的随身助教客服，等等。

九方智投面临的品牌命题并不是“我教你学”，更需要经营好品牌与用户的关系。九方智投与用户的关系，不单单是投资教育领域居高临下的师生关系，更是股市鏖战中可及时响应的顾问关系，以及股票投资成长路上相互陪伴的伙伴关系。

是教师，是军师，更是伙伴。九方智投自身角色的多元化，带来了功能多元化，它将帮助充满焦虑和不确定感的投资者，从单兵战变成团队派；它将在经验、建议和安全感方面给予投资者们有力的支持。品牌与用户之间，由此才能建立了更加紧密的关系。

从这个差异点去思考，我们发现，九方智投不仅是投资资讯软件，更是一个并肩作战的学习社群，一个具有共创精神的“实战派”。区别于市面上同类产品单一的操作，或理论性顾问和课程形式，“实战”优势，才是九方智投真正的生命力所在。

我们为九方智投品牌提出全新口号　　“实战派股票学习平台”。作为新品牌，口号需要明确学习平台属性，因此保留了“股票学习”的平台定义。而“实战派”的前缀，更自信的方式，传递出品牌特有的原力（图 6-21）。

图 6-21　九方智投全新口号

企业在推广这句口号时，还有一个好处是：当用户听到这句话，会下意识地将现有股票教学平台分成了两类——有“实战派”，必然有“非实战派”。既然九方智投说自己是“实战派”，那么其他的同行会不会不够“实战”？如果企业在后续传播中，继续挖掘各种佐证来支持“实战派”的优势，假以时日，就能“九方智投”与“实战派”在用户心中扎根。

5. 共创放大品牌价值

对于我们提出的品牌战略思路及“实战派”口号，九方智投管理层与市场团队表示一致认可，随即决定加快品牌推广步伐。2020 年春，在电视、户外、电梯媒体中，九方智投品牌启动全面亮相。

于是，我们围绕既定的品牌策略与前期的市场用户洞察，展开一系列营销物料策划。

品牌广告的创意切入口，源于投资者的痛点，生动地表达出九方智投为用户消除焦虑的价值。近年来，国内新中产群体入局股市，纷纷成为散户，但是入局后才发现，炒股中的不确定感与焦虑感更强烈。要成为真正的炒股高手，需要涉猎的知识和信息太多了，不但要实时关注股市走向，更要懂得如何查看上市公司相关情况，市场走势，政策动向，计算盈亏等。这个过程，需要大量的时间与精力投入；股市起伏带来的情绪波动，更让个体投资者困惑不安。

为了对这一用户洞察进行放大，让观众更容易感知，我们在广告中创造了一个“六臂炒股达人”的男性形象。在广告创意中，年轻的投资者，身上居然长出六条手臂在同时忙碌，操作着手机、电脑、平板、收音机，甚至举着财神……就算他已经忙成了“千手观音”，依然焦头烂额、分身乏术。

对于身处高强度工作节奏中，无法投入足够时间于股市的中产投资者来说，这就是他们面临的困境，是时候加入九方智投“实战派”了！广告中，九方智投 App 的出现，给困境中的主人公带来了希望与转机，无论股市资讯还是高维认知，九方智投在手，一切轻松掌握。

这则别出心裁的“六臂达人”品牌广告，在第一财经、湖北卫视等频道高频次投放，并通过电梯、户外广告等媒介广泛发声，不断放大品牌声量，让九方智投一呼天下应。

2020 年的股票投资教育的头部明星，非九方智投莫属。这一年，它荣获 SMG 第 15 届神广杯年度新锐品牌大奖，助力 2020 沪上金融家庆典，登陆中央广播电视总台“经济之声”。通过新华社等官方媒体报道，九方智投借势国家级媒体不断放大声量，深入触达更广泛的城市人群，成为股民心中在线投资学习首选平台。

“实战派股票学习平台”这句口号，除了出现在九方智投官网、百度词条及各大宣传媒体，更于 2020 年 8 月登上了“世界第一屏”——纽约纳斯达克证券交易所媒体。纳斯达克是全球最大的证券交易市场，拥有 5000 多家上市公司。九方智投在此亮相，让广告的商业金融气息与高科技艺术手段得到完美统一，品牌势能得以快速提升。

结语

九方智投品牌，基于品牌共通论的指导，终于在市场中找到独有的位置。我们为九方智投所提炼的“实战派”理念，也获得行业内外一致认可。“派”，彰显出企业本身的行事风格，又有社群与门派的含义，让每个用户在这里找到归属感。这一关键词，也为九方智投赋予人格化联想，拉近品牌与受众的距离，让他们乐于传播。

我们相信，在产品中发现品牌价值，在共创中表达品牌理念，在心智中留下品牌印记，自始至终立足企业战略的指导，才是保证品牌生命得以延续的必然逻辑。

九方智投品牌的策划路径，再次印证了品牌共通论的有效：绝非仅仅聚焦于渠道媒体等创意形式的表达，而是回到企业自身优势与用户心智的源头，通过全面梳理、提炼品牌原力，如此共创出来的品牌能量，将远远超越单一的卖点表达。

后记

这本书源自我的实战心得。十多年前，我离开奥美等大型国际公司体系，创建了自己的品牌咨询机构。除了将主要精力放在中国品牌的创新策划上，我也结合市场需求为企业开展各种内训课程与工作坊，提供定向辅导。

在我与不同企业家、创业者交流的过程中，感触特别深的一点是，由于品牌的知识体系过于庞杂，迭代很快，各种新名词层出不穷，使得很多人对品牌的认知参差不齐，导致沟通成本增加，也让品牌构筑的效率低下，过程变得无比冗长。

于是，我尝试把多年营销经验与理论方法结合，总结了这套“品牌共通论”，在各大企业与高校合作开讲，帮助更多人理解品牌的本质，借助品牌的力量把企业发展得更好。

2022 年 2 月，我受新华社民族品牌工程邀请，赴京讲解品牌共通论，获得上百位听课学员的高度认可。后来我又把这套方法相继应用到多个综合型品牌建设项目上。市场反馈的成果佐证了我的预判，让我意识到这一方法论的通用性，除了企业品牌，它在城市品牌、区域品牌、文化品牌等多个领域，都可以发挥出巨大的价值。

品牌共通论是一个适合不同行业、不同水平的人士学习的品牌战略级思维系统，企业创始人、合伙人、高管、企业营销和市场部的管理者、想创业的人群，以及对品牌营销感兴趣的新人，都能从中找到解决问题的实用思路。它提供了循序渐进的四步工作方法：如果你想打造一个成功的品牌，首先需要发掘品牌的原力，然后通过开发爆品、放大符号、激活共创，通过日积月累，形成企业自身的品牌护城河。

在成书过程中，我获得了很多师友的帮助与启发，包括胡晓云、潘海平、徐卫华、张宜平、张占阳、陈平骅、王华、程琳、朱健、何敏、程辉、黄志宇、梁彦平、汪全等，他们为本书提供了很多宝贵的建议与案例素材。孙巍老师、清华大学出版社编辑宋冬雪老师，也给书稿提供了无微不至的审校，在此一并表示感谢。

身为中国的品牌营销人，我衷心希望品牌共通论能帮助更多优秀的企业和产品被大众认识、成功出圈，也希望更多中国品牌被世界认可与喜爱。同时，我也在一直优化这套方法论，欢迎各位读者朋友提出建议与意见，可以搜索我的微信号“leshu0002”或者公众号“致力共通”与我交流，期待与大家一起共创、共赢。

乐剑峰

2023 年春，上海